管理会计公告

（第 1 辑）

美国管理会计师协会 著

刘霄仑 主译

人民邮电出版社

北 京

Statements on
Management Accounting

（Volume I）

Institute of Management Accountants (IMA)

Translator

XiaoLun Liu

美国《管理会计公告》编审委员会

委员名单

（按姓氏笔画排列）

丁平准　前中注协秘书长，IMA 资深顾问

于增彪　清华大学会计研究所教授

王立彦　北京大学国际财务与会计中心主任，教授

王　斌　北京工商大学教授

刘志远　南开大学商学院副院长，教授

刘南昌　国资委业绩考核局副局长

刘霄仑　北京国家会计学院副教授

陈国钢　中化集团总会计师

孟　焰　中央财经大学会计学院院长，教授

杨世忠　首都经济贸易大学副校长，教授

杨继良　IMA 资深（中国）顾问

高一斌　北京国家会计学院院长

图书在版编目（CIP）数据

管理会计公告（第1辑）/（美）美国管理会计师协会著；刘霄仑 主译 .
–北京：人民邮电出版社，2012.5（2015.12 重印）
ISBN 978-7-115-27756-5

Ⅰ.①管⋯ Ⅱ.①美⋯②刘⋯ Ⅲ.①管理会计公告 Ⅳ.① F234.3

中国版本图书馆 CIP 数据核字（2012）第 043365 号

Institute of Management Accountants (IMA)

Statements on Management Accounting (Volume I)

管理会计公告（第1辑）

◆ 著　　　　美国管理会计师协会
　　译　　　　刘霄仑　主译
　　策　划　　刘 力　陆 瑜
　　责任编辑　王涧秋
　　装帧设计　陶建胜

◆ 人民邮电出版社出版发行　　北京市崇文区夕照寺街 14 号 A 座
　　邮编　100061　　电子邮件　315@ptpress.com.cn
　　网址　http://www.ptpress.com.cn
　　电话　（编辑部）010-84937150　　（市场部）010-84937152
　　　　　（教师服务中心）010-84931276

　　北京京铁印务有限公司印刷

　　新华书店经销

◆ 开本：787×1092　1/16
　　印张：10.75
　　字数：280 千字　2012 年 5 月第 1 版　2015 年 12 月第 2 次印刷
　　　　　　　　ISBN 978-7-115-27756-5/F

定价：68.00 元

本书如有印装质量问题，请与本社联系　电话：(010) 84937153

内容提要

　　美国管理会计师协会（IMA）发布的《管理会计公告》由世界顶尖专家精心撰写，它涵盖了管理会计领域的各项实务及专题，突出实务导向，注重文化、道德对企业管理会计体系的影响，对企业管理人员建立商业逻辑思维框架、提升商业判断力具有很好的借鉴意义。

　　公告共四辑，本辑包括的主题有：管理会计定义，领导力、战略和道德规范，科技支持。

　　本系列丛书是北京国家会计学院财务会计人员高端培训教材，适用于企业管理会计人才培训，对企业各级管理者、企业财务人员具有重要的参考价值。本书是相关高校财会专业教师及研究咨询机构图书馆必备图书。

致　辞

　　IMA 发布的《管理会计公告》(SMA)一直在全球范围内享有盛誉，它涵盖了管理会计领域的各项实务及专题，包括有关风险管理、成本核算、供应链、可持续发展报告、公允价值、组织行为等主题的定义、框架、指导、最佳实践和案例。这些由世界顶尖专家精心撰写的公告侧重于实务指导而非理论探索，可以帮助 CFO 及其团队增强企业实力，实现企业的可持续发展。对于中国的各级各类企业来说，不论其属于国有企业、私营企业还是跨国企业，企业财务人员在保护企业关键利益相关者的利益、实现企业可持续发展的过程中，也一定能从《管理会计公告》中直接获益。

　　借此机会，我也向中译本的译者和编审委员会成员表示感谢，感谢他们的辛苦工作，以及对全球管理会计职业所作出的贡献。

杰弗瑞·汤姆森

美国管理会计师协会，主席兼 CEO

PREFIX

IMA's Statements on Management Accounting (SMAs) are widely recognized global resource guides that provide practical, relevant and focused information on management accounting topics. This information includes descriptions, frameworks, guidance, best practices and examples on topics including risk management, costing techniques, supply chain, sustainability reporting, fair value, organizational behavior and more. Leading experts around the world author these practical resource guides which are not theoretical and help CFO teams create stronger organizational capability enabling sustainable growth. Chinese finance and accounting professionals in businesses of all sizes and structures (SOE, private, MNCs) can benefit directly from the SMAs in helping to create sustainable growth in their organizations while protecting the investments of key stakeholders.

I would personally like to thank all of the translators and quality review committees in China for their hard work and contributions to the global profession of management accounting.

Jeffrey C. Thomson, CMA

President and CEO

Institute of Management Accountants

序

2005 年 10 月，IMA 前总裁夏曼访问北京时，我为之"架桥沟通"。一周之内陪同拜访了财政部、审计署、商务部、国税局、证监会等政府综合经济管理部门，以及中国会计学会、总会计师协会、注册会计师协会、资产评估协会、注册税务师协会、内审协会等与理财相关的全国性社会团体。因为美国管理会计师协会要进入中国，需要取得这些部门和机构的了解和支持。其结果是，所到之处的中国政府有关部门领导人和社团组织负责人对管理会计的理解远远超出了夏曼原先的想象。

夏曼在会见财政部副部长王军时说："让世界最大的发达国家与世界最大的发展中国家携起手来，在全球重振管理会计的雄威。"王部长回答说："我很赞成阁下的意见。面对瞬息万变的资本市场，中国现在最缺的是理财能手，而管理会计是理财的重要手段。"他当即请 IMA 为中国培养一万名管理会计人才。王军副部长说："希望通过中美双方的努力，使经过 IMA 培训的学员成为中国人才市场上的'抢手货'，使 IMA 成为'知名品牌'。希望双方共同打造一个国际知名品牌。"

访问商务部时，时任副部长的傅自应说："当前，中国有 50 万家外经贸企业，其中很多企业的国际化程度越来越高，需要引进当今世界先进的管理理念和经验。相信 IMA 进入中国，可以帮助中国培养目前我们急需的管理会计师和财务管理方面的高级管理人才；可以相互交流中美两国有关管理会计和财务管理方面的经验；可以通过中美双方的共同努力，在全球范围推动管理会计和财务管理的进一步发展。这不仅对我们两国经济的合作与发展，同时对全球经济的复兴和发展来说，都是一件有益的事情。"同时提出："请你们站在独立、客观、公正的立场，对中国企业的成本核算和成本管理作一次调查，写出一份报告，向美国乃至全世界说明中国企业成本核算和管理的真相。"这是一个具有战略意义的重大课题，也是 IMA 进入中国的一块很好的"敲门砖"。从此，IMA 与商务部开始了长达三年之久的合作，组织全球成本专家考察了 12 家中国国民经济支柱产业典型企业，并且取得了丰厚的成果。

之后，IMA 采取了一些切实的步骤，加速推进进入中国的步伐。2006 年设立了办事机构；实施教材汉化、题库汉化、考试汉化；2009 年与国家外国专家局签订了合作协议，取得了中国政府权威部门的认可；2010 年与国资委合作，从而获得了庞大的后备学员资源；在全国各大中城市和重点高等院校中认定了几十家培训机构……因此，IMA 进入中国的时间虽然短暂，但进程却在加速。最具代表意义的是，其会员人数在几年之中就急剧增加到五千余人，占 IMA 全球会员人数近十分之一。

在 IMA 进入中国的过程中，北京国家会计学院刘霄仑教授一直是参与者之一。早在 2006 年，他就主持了 IMA《管理会计公告》的编译工作。面对 36 个公告、浩瀚的百万余字，要把它汉化，实属工程巨大，其艰辛可想而知。在刘霄仑教授主持下，历时6 年，本公告终于翻译审校完成，公开出版。我相信，该公告的汉化版，将对中国管理会计理论及实务的发展起到重大的推动作用；对中国管理会计的发展，以及与美国管理会计界的沟通交流，将具有开创性的历史意义。它的问世，不仅在中国会计发展史上是第一次，在全球它也是第一且唯一的中文版。这在中国会计、管理会计以及世界会计发展史上，具有里程碑式的意义！

根据《国家中长期人才发展计划纲要》的要求，要加快企业经营管理人才职业化、市场化、专业化和国际化，培养造就一大批具有全球战略眼光、市场开拓精神、管理创新能力和社会责任感的优秀人才队伍与一支高水平的企业经营管理人才队伍。并明确到2015 年，企业经营管理人才总量达到 3 500 万人，到 2020 年达到 4 200 万人。财政部在《会计行业中长期人才发展规划》（2010~2020）中提出着力培养精通财会业务、熟悉市场规则，掌握金融、内部控制、投融资决策、企业并购、价值管理、战略规划、公司治理、会计信息化等相关专业知识，具有国际视野和跨文化交流能力，能参与战略经营和管理决策，把握行业发展趋势，解决复杂经济问题的高层次经营管理人才。明确到 2015 年，新增大型企业单位具有国际业务能力的高级会计人才达到 3 万人，到 2020年再增加 3 万人。所以，在未来 10 年，管理会计的方法、工具和理念将大兴于中国，CMA 在中国的发展前景十分可观。因而，我相信刘霄仑教授主译的这部美国管理会计师协会《管理会计公告》中译本，不仅具有重大的学术意义、现实意义，也一定会受到广大读者的热烈欢迎，一定会有广阔的市场！

丁平准

译者序

改革开放三十余年来，中国的经济有了飞速的发展，但相当程度上，这种发展仍处于简单、初级层面的外延式扩大再生产阶段。三十多年来，我们引入了西方的市场开放和竞争机制，但这种市场开放和竞争机制，至少到目前为止，仍是不全面和有限度的；我们复制了西方的现代企业制度，但在公司治理机制建设层面，仍存在着一些难以逾越的障碍，在企业管理层面，仍存在着相当程度的粗放方式乃至误区。三十余年经济发展的结果，在 GDP 高速增长、人民物质生活水平提高的同时，也伴随着高能耗、高污染、少创新、低福利、可持续发展能力堪忧的隐患。那么，未来三十年中国经济发展应何去何从？我个人认为，在宏观层面可能要寄希望于进一步深化改革，理顺国家治理层面的各种关系；而在微观层面，则需要帮助企业各级治理及管理人员建立起商务逻辑思维框架，提升其商业判断力。而提升财务人员商业判断力最有效的途径之一，就是学习和借鉴美国管理会计师协会所发布的这套《管理会计公告》。

下面简单介绍一下我对"管理会计公告"与"财务会计准则"的异同点及相关性的理解，主要有以下几点：

1. 服务对象不同。企业财务会计准则主要是服务于外部投资者的需要。外部投资者需要在不同投资方案中进行选择、取舍，为此需要有统一、公认的会计准则作为编制对外财务报告的通用标准，所谓衡量会计信息质量的可靠性、相关性，最终还是要落实到会计信息的可比性上。而这种可比性，虽然也可被理解为决策有用性，但这里的决策者更多的是指投资者或者外部决策者，而非企业内部决策者。而管理会计公告则更多的是着眼于企业内部提升经营管理水平、增加企业价值、防范企业风险的需要，其服务对象是企业内部的各级决策者。

2. 强制力不同。财务会计准则强调的是"公认"，各个企业对外提交财务报告必须要按照统一的标准编报，否则就有做假账之嫌。而企业情况千差万别，很难制定一套放之四海而皆准的内部管理体制，所以《管理会计公告》本身并不具强制性，而更类似于指导或建议性意见，或者是对企业制定和落实战略、提升管理水平具有借鉴意义的"最佳实践"，是否选择执行，如何选择执行，其决定权在企业。这也给企业各级财会人员留下了发挥其创造力的空间。我们之所以将"Statements"翻译成"公告"而非"准则"，就是为了体现这种强制力的差异。

3. 涵盖范围不同。财务会计准则聚焦在与企业对外财务报告相关的确认、计量、记录、编制和列报方面，而管理会计公告，则涵盖了企业的"管理决策、设计规划与绩效管理系统",管理会计师可利用其"在财务报告与控制方面的专业技能,帮助管理者制定及实施组织战略"。由此可见,《管理会计公告》的范畴要远大于财务报告准则的范畴,几乎涵盖了企业需要运用到商务分析和决策的所有领域。

4. 成本核算构成了其重要组成部分。不论是在财务报告准则体系中,还是在管理会计公告体系中,有关成本核算的内容都是所在体系的重要组成部分,但其意义略有不同:在财务会计准则体系中,对成本核算更关注的是其成本归集的完备性以及期间和间接费用分摊的合理性。而在管理会计公告体系中,对于成本核算而言,更侧重如何能更好地反映其成本习性,帮助企业内部决策者制定营销、生产、投资等决策。

具体到美国管理会计师协会发布的这套《管理会计公告》,就其内容丰富性和体系完备性而言,我认为,其已经全面系统地超越了目前市面可见的管理会计教材。简单说,这套公告至少具有以下特点:

1. 涵盖面广。《管理会计公告》涵盖了领导力、战略和道德规范、科技支持、战略成本管理、公司绩效管理、财务治理、风险与合规、管理会计实务等不同领域的内容,足以支撑企业财会及相关人员在企业各主干流程中所承担的工作职责。

2. 系统性强。在每一个具体公告中,都有对主题内容的背景、定义、目的和意义、适用范围、工具和技术以及未来前景的阐述,在公告的最后有结语,篇尾还会附上词汇表和参考文献,以供读者延展阅读。

3. 突出实务导向。《管理会计公告》中虽然涉及了很多前沿主题,如精益会计、集成式管理系统、企业风险管理、环境战略等,但并非停留在理论层面的探讨,而是通过循序渐进的讲解,辅之以实用技术和工具,来帮助企业在运营过程中加以实际运用。这一点尤其难能可贵。

4. 具有较强的前瞻性。基于美国企业现状而制定的《管理会计公告》,其本身已经具有一定的前瞻性,再加上中美两国企业之间客观存在的发展差距,其内容体系对于中国企业来说,应该说具有较强的指导和借鉴意义。

5. 注重文化、道德对企业管理会计体系的影响。《管理会计公告》将价值观和行为规范、道德行为准则置于重要地位,要求管理会计师必须要切实履行诚实、正直、客观和责任这四项道德基本原则,并强调企业必须要将道德规范融入到企业的规划、日常管理以及员工行为中去。这一点值得中国企业深思并奋起直追。

即将出版的《管理会计公告》逾百万字,将分成四辑出版,每辑涵盖一至三个领域。关于《管理会计公告》内容及其细节,由于篇幅所限,在此不展开介绍,相信读者会在其中发现自己所关心的主题和相关介绍。

回首《管理会计公告》的翻译工作，历时甚长。早在 2002 年，我随团访问了位于新泽西州 Montvale 的 IMA 总部，从此建立起专业联系。2003 年底，经财政部批准并受国家会计学院委派，我到美国作商务伦理主题考察，其间在 10 月份专程到 IMA 总部考察访问了三天，对 IMA 的运作模式、会员管理、考试体系、后续教育等作了全方位的了解，以期为国家会计学院与 IMA 建立战略合作关系奠定基础。在 IMA 考察期间，我注意到 IMA 组织发布的"*Statements on Management Accounting*"（SMA）对管理会计实务的发展具有重要的指导意义，特别是对中国管理会计实务发展的借鉴价值，经与 IMA 多次协商，终于达成了翻译 SMA 的意向，并获赠了整套 SMA 资料。2004 年初回国后，我即着手翻译 SMA。到 2005 年下半年，已完成约 80% 的翻译工作。但遗憾的是，2005 年初，IMA 总部领导层发生了较大变动，同年 IMA 决定对 SMA 进行大规模修订，废弃了近一半的 SMA，同时又增补了近 10 个新的公告。如此一来，我之前所做的大部分翻译工作也付之东流，大大增加了我的翻译工作量。至 2008 年，SMA 全部翻译完毕。

2009 年，在 IMA 的支持下，邀请了北美及中国京津地区的管理会计界的专家学者组成了 SMA 编审委员会，对翻译完成的 SMA 进行把关和审校。2011 年，编审委员会的审校工作基本完成，转给出版社进入编辑出版流程。

据不完全统计，截至 2011 年底，中国共有会计从业人员逾 1 000 万人，其中，高级财务人员（具有高级职称或从事高级管理岗位）约 30 万人。管理会计师职业在中国已是呼之欲出。其职业能力框架、考试资格要求、考试科目设置、专业技术标准、注册管理及奖惩考核体系等都将会在未来数年内相继建立和完善。相信美国《管理会计公告》中文版的出版，必将对中国管理会计职业的发展乃至中国经济的发展起到极大的推动作用。

本《管理会计公告》由刘霄仑主译，朱晓辉、刘凤芝初译，SMA 编审委员会的各位专家对译稿进行了认真审校，在此表示感谢！北京新曲线出版咨询有限公司的刘力、陆瑜对《管理会计公告》的引入给予了极大支持，IMA 北京办事处的原首席代表李蔚女士、马丹女士也对审校工作做了大量协调工作，新曲线的王涧秋、颜林柯两位编辑对稿件进行了精心加工，在此也一并感谢！

由于水平有限，译文如有错漏之处，请与本人联系。我的邮箱是：liuxl@mail.nai.edu.cn

刘霄仑

2011 年 10 月 16 日

总　目　录

第3辑

公司绩效管理

责任的发展演变：会计师的可持续发展报告（2008）

管理全球供应链的总成本（2008）

有效的标杆管理（1995）

实施公司环境战略（1995）

股东价值创造：计量与管理（1997）

实施集成式绩效管理系统的工具和技术（1998）

实施集成式供应链管理：打造竞争优势（1999）

实施集成式供应链管理的工具和技术（1999）

精益企业基础（2006）

实施流程管理：改进产品和服务（2000）

实施自动化工作流管理（2000）

价值链分析：评估竞争优势（1996）

环境会计的工具和技术：服务企业决策（1996）

管理质量改进（1993）

第4辑

企业风险与控制

企业风险管理：框架、要素及其整合（2006）

企业风险管理：有效实施的工具和技术（2007）

管理会计实务

直接材料成本的定义和计量（1986）

工作点成本的会计分类（1997）

财务职能再设计（1997）

财务职能再设计的工具和技术（1999）

建立共享服务中心（2000）

目　录

管理会计定义

领导力、战略与道德规范

科技支持

题 目

管理会计定义

鸣 谢

　　美国管理会计师协会（IMA）希望在此向应用研究基金会分委会表示感谢，本公告基于该分委会的研究成果。委员会成员包括：北卡罗莱纳大学的 Ed Blocher 博士、阿肯色大学的 David Dearman 博士（CMA）、REDE 公司的 Hugh Glover 博士（CMA、CPA）、东密歇根大学的 Zafar Khan 博士（CMA）、亚特兰大联邦储备银行的 Mark Kovacic、美国管理会计师协会的 Raef Lawson 博士（CMA、CPA、CFA） 和 Jeffrey Thomson、Alta Via 咨询公司的 Anton van der Merwe、布 莱 恩 特 大 学 的 Susan Weiss（CMA、CPA、CFM）、波尔州立大学的 Gwendolen White 博士（CPA）。美国管理会计师协会对本公告之内容负全部责任。

Published by
Institute of Management Accountants
10 Paragon Drive
Montvale, NJ 07645
www.imanet.org

The Association of
Accountants and
Financial Professionals
in Business

引　言

本公告为管理会计提出了一个新定义，并解释了产生新定义的背景、提出定义的过程，以及建立新定义所使用的标准和理论基础。新定义是：

> "管理会计是一种深度参与管理决策、制订计划与绩效管理系统、提供财务报告与控制方面的专业知识以及帮助管理者制定并实施组织战略的职业。"

背　景

对某个职业进行定义可以起到多种作用。它可以作为教授这个学科的认知角度以及评估从事该职业人员的行为特征的基础。职业定义还有助于界定该职业现在及未来在社会中的地位、界限和身份。

根据上述事实，美国管理会计协会（即当时的国家会计师协会）于1981年发布了首个管理会计公告（SMA），即《管理会计定义》。它将管理会计定义为：

> "……确认、计量、积累、分析、提供、解释、沟通管理者在规划、考核与控制组织以及确保资源的合理利用与责任中所使用的财务信息的过程。管理会计还包括为股东、债权人、监管机构和税务机构等非管理群体编制财务报告。"

自从该定义发布以来，管理会计领域已经发生了巨大变化。十几年来，美国管理会计师协会一直支持并参与管理会计领域的研究（参见"参考文献"），包括呼吁管理会计师从以交易与合规为导向（如1981年定义所反映的）向以战略合作伙伴为导向转变，即：担当公司绩效管理、规划和预算的总管；担当公司治理过程的倡导者，在重大变革时提供风险管理、内部控制和财务报告；以及担当成本管理方法方面的专家，帮助组织更具竞争力，实现更大的成功。

目前实践中所使用的关于管理会计师的职责和作用的许多定义及描述都未反映向战略合作伙伴转型这一发展趋势。许多定义将管理会计师的角色解释为信息提供者，即：搜集、汇总、分析并向管理决策者报告信息的人。但这种职责和作用已经在很大程度上被诸如高度集成的企业资源规划系统（ERP）等技术所替代了。

管理会计师对信息价值链的主要影响已经转变为管理会计系统的概念设计，它内嵌于组织的技术中枢之中。在组织的信息价值链中，信息提供者的职责和作用如图表1所示。

管理会计师作为信息提供者的传统职

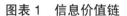

图表 1　信息价值链

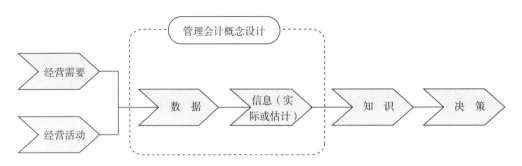

责和作用往往被描述和解读为以价值链的低端为中心。我们所引用的研究结果，以及向战略合作伙伴发展的趋势，表明管理会计师的职责和作用必须在价值链中更加多样化，它必须包括最高端，即：作为管理决策团队的一员参与主要战略决策。因此，就价值链而言，管理会计师的职责和作用在两个方面发生了转变，即：（1）为数据转化为信息提供概念框架；（2）在整个信息价值链中履行推动者和战略合作伙伴的职责和作用。

关于管理会计师的职责和作用的现有定义和表述，反映了该职业的一种"身份危机"，因为它们与今天管理会计师所持有的观点不一致。因此，美国管理会计师协会建立了一个新定义，以更好地反映管理会计师在当今组织中的职责和作用。

建立定义的过程

建立管理会计新定义的目标是于 2007 年 8 月在美国管理会计师协会应用研究基金会每两年召开一次的例会上提出的。应用研究基金会制定了下列计划：

1. 确定应用研究基金会的一个分委会负责建立新定义。
2. 研究基金会全体委员会审查新定义。
3. 征求美国管理会计师协会会员、美国会计学会管理会计分会会员以及其他专业组织的相关联络人的意见。
4. 根据各方面意见修订新定义，供应用研究基金会全体委员会采纳。
5. 于 2008 年 6 月将起草的新定义提交美国管理会计师协会全国委员会审议。
6. 在会刊《战略财务》（Strategic Finance）上及在线发布本准则，广泛征求意见。
7. 将所征求的意见适当融入终审稿，并

发布管理会计公告。

分委会在 2007 年 8 月例会期间召开了第一次会议。分委会决定，新定义必须言简意赅、通用、不受时间限制、内涵丰富且具有前瞻性。作为建立新定义的第一步，分委会从教材、管理会计专业协会、其他专业协会以及学术文献等多种渠道查找了各种现有定义。通过 2007 年 9 月至 2007 年 12 月之间召开的一系列会议，分委会建立了一个新定义，并收到了基金会全体委员会的反馈。

2008 年 1 月 12 日，在加利福尼亚州的长滩市，分委会在美国会计学会管理会计分会的年会上设立了一个技术讨论会。这次技术讨论会提供了有益的反馈，在修订定义时吸收了这些意见。2008 年 3 月 8 日，在达拉斯市，修订后的定义草案被提交给应用研究基金会全体委员，并获得一致通过。然后，于 2008 年 6 月，在美国管理会计师协会的全国委员会年会上，该定义被提交给美国管理会计师协会的全国委员会。全国委员会批准了定义草案的发布。根据所收到的广泛反馈，分委会对定义进行了最终修订。

定义的标准和理论基础

在建立定义时，应用研究基金会分委会始终聚焦于管理会计的三个重要要素

上，它们依次是：

- 管理会计的基本要素是制定并实施战略，帮助组织获得成功。这个要素泛泛地表述了管理会计师的职责和作用。更具体地说，这个要素表述了每个管理会计师在信息价值链的任何环节都能通过战略实施为组织成功作出贡献。

- 为了实现上述目标，管理会计师必须参与管理团队。这个要素反映了研究和实践，它表明管理会计师在信息价值链的各个层面都要参与管理团队，包括参与战略管理决策。

- 管理会计师在管理团队中的职责和作用可以用一系列通用的、内涵丰富的能力来描述。这个要素是区分管理会计师与组织中的其他专业人员所必需的，因为管理团队在实施战略的过程中会涉及组织中的各种管理专业人士。为了将管理会计与其他管理职能区分开，在定义时需要将某些能力纳入，其选择标准如上所述，即：定义应该言简意赅、通用、不受时间限制、内涵丰富且具有前瞻性。

征求意见稿时得到的某些反馈表明人们对管理会计师在战略制定与执行中的参与程度有所关注。针对这些反馈，定义略作了修订，但是它仍然反映了基金会的观点，即：无论处于组织的哪个层级，无论

具有什么身份，管理会计师都要支持组织战略的实施。定义还反映了市场本身，利用了关于首席财务官职责和作用的各种研究中所得到的信息，这些研究的结果表明管理会计师的职责和作用正在转型为经营合作伙伴。

参考文献

Michael Anastas, "The Changing World of Management Accounting and Financial Management," *Management Accounting*, October 1997.

CFO Research Services, in collaboration with PricewaterhouseCoopers LLP, *The CFO as Chief Performance Advisor*, 2005, www.imanet.org/pdf/3041.pdf.

The Economist, in collaboration with KPMG International, *Being the Best — Insights from Leading Finance Functions*, 2006, www.kpmg.ca/en/services/advisory/oi/beingbest.html .

Ernst & Young, *What's Next for the CFO?*, 2008, www.ey.com/Global/assets.nsf/Estonia_E/ CFO_report//$file/CFO%20 report.pdf.

IBM Corporation, *The Agile CFO*, IBM Institute for Business Value, 2006, www.935. ibm.com/ services/us/imc/pdf/ ge510-6239-agile-cfo-full.pdf.

IBM Global Business Services, in collaboration with Wharton School at University of Pennsylvania and The Economist, *Balancing Risk and Performance with an Integrated Finance Organization*, 2007, www.cotingencyplanning.com/articles/52418.

International Federation of Accountants (IFAC), *The Roles and Domain of the Professional Accountant in Business: An Information Paper by the Professional Accountants in Business Committee*, 2005, www.ifac.org/Store/Details.tmpl?SID=1131738910232719&Cart =121380 490363743.

Gary Siegel and James E. Sorensen, *What Corporate America Wants in Entry-level Accountants*, Institute of Management Accountants and Financial Executives Institute, August 1994.

Gary Siegel and C.S. Kulesza, "The Practice Analysis of Management Accounting," *Management Accounting*, April 1996.

Gary Siegel and James E. Sorensen, *Counting More, Counting Less*, Institute of Management Accountants, August 1999.

Gary Siegel, James E. Sorensen, and Sandra Richtermeyer, "Are you a Business Partner? Parts 1 and 2", *Strategic Finance*, September and October 2003.

题 目

价值观与道德规范：
从确立到实践

鸣 谢

　　美国管理会计师协会在此向 EduVision Inc. 公司的 Nick A. Shepherd（FCMC、FCCA、CGA）表示衷心感谢，本公告基于他的研究工作。同时还要感谢 Christopher Dowsett、Mike Van Roy 和 Curt Verschoor 对本公告的审阅，以及美国管理会计师协会的科研部主任兼 IMA 教授 Raef Lawson 博士（CMA、CPA）对本公告的编辑工作。

Published by
Institute of Management Accountants
10 Paragon Drive
Montvale, NJ 07645
www.imanet.org

The Association of
Accountants and
Financial Professionals
in Business

价值观与道德规范：从确立到实践

目 录

The Association of Accountants and Financial Professionals in Business

一、摘要

在 21 世纪的经济现实中，知识管理和无形资产是组织获取竞争优势的主要源泉。从高管人员到一线工人，组织成员的个人行为既能为组织赢得声誉，亦能毁坏组织的声誉。这对提升股票价值，吸引和保留客户、投资者或员工，防范违规风险等都具有重大影响。全球化扩大了行为冲突的潜在影响。在不同国家经营的企业可能会发现其他文化的价值观和道德规范与母国的相冲突。凡此种种问题都使得企业迫切需要明确树立自己的价值观，制定道德规范和公司行为规范，定义自己的行为准则，以便为制订内部决策提供指南，同时也需满足外部监管以及合规的要求。这样的指南将为建立道德管理框架奠定坚实的基础。

美国管理会计师协会（IMA®）为管理会计师制定了《管理会计公告——职业道德行为准则》。其他主要的全球性会计组织也都制定了各自的职业道德行为规范。本公告旨在让所有会计人员了解自己在组织中所担当的职责，即提供变革动力，帮助维持有效的内部控制，确保组织考虑、采纳并全面实施道德规范和合规方案，包括制定道德规范与开通保密热线。

本公告明确指出人们对职业道德行为日益关注以及这种关注对风险管理和内部控制的影响，解释了组织明确、界定和建立自己的价值观以及制定道德行为规范的步骤。更重要的是，本公告说明了如何传输价值观和道德规范，使价值观和道德规范融入组织的日常经营行为中。藉此，员工行为及决策的相关风险就可以与规划、组织、人员配置、管理和控制联系起来。符合道德规范的决策也能与领导行为、组织流程、组织内外的人际关系、计量和控制系统协调一致。

如果企业成功实施了道德规范，就会为改进风险评估、增加公司治理的透明度、提高作出承诺并真正付诸实践的可能性奠定基础。因此，承诺遵守道德规范的首席执行官和首席财务官就会更加明确自己的承诺与企业行为是一致的。

二、引言

虽然道德规范并不是商业领域的一个新概念，但是，由于上市公司和非上市公司的披露和报告问题，特别是随着《萨班斯—奥克斯利法案》（SOX）的颁布，近年来它显得愈加重要。我们从安然事件及其他会计丑闻中吸取的教训表明，制定了道德规范并不等于创造了遵守道德规范的组织，正如公司建立起愿景并不等于创造了理想的公司一样（Collins，2001）。

符合道德规范的行为并不等同于遵守

法律的行为。即使个人和组织的行为遵守了法律，也有可能不符合道德规范。符合道德规范的行为与一系列价值观一致，在法规不能涵盖所有情形时，这些价值观可作为决策的标准。道德规范意味着用来解决许多问题的决策过程的统一性。

全球道德规范协会（Institute for Global Ethics）会长 Rushworth Kidder 解释了推动组织发展的价值观及其所激发的行为之间的联系："从广义上讲，道德规范所针对的是人类行为，即从道德上讲哪些是好的，哪些是坏的，哪些是正确的，哪些是错误的。它是价值观在决策领域的应用。这些价值观包括诚信、公正、责任、尊重和同情。"美国管理会计师协会在《管理会计公告——职业道德行为准则》中列出了激发道德行为的基本原则。无论在工作中，还是在生活中，美国管理会计师协会的会员都必须遵守该公告，即使要付出经济上的代价，正如其他专业组织的会员必须遵守该组织的道德规范一样，比如，美国注册会计师协会（AICPA）的会员就必须遵守该组织发布的"职业行为规范"。

在规模较小的私营企业中建立道德规范一般都很简单：业主可以采取"榜样式领导"。即使从未明文规定，业主示范的行为也会成为其他员工效仿的榜样，从而形成"企业文化"。但随着企业的发展，员工再也无法与业主直接日常接触，对"榜样式领导"的挑战就会随之产生。

在规模较大的组织中，问题更严重。如果没有明确建立行为规范和道德规范，员工在日常活动中就会自行其是，或者观察和效仿周围其他人。

为了避免20世纪末和21世纪初困扰商业界的各种丑闻再次发生，就必须规范组织行为，使员工的个人行为符合更广泛的组织的预期。许多公司丑闻的核心人物都认为自己是无辜的，包括安然公司（Enron）的 Kenneth Lay，以及霍灵格公司 (Hollinger) 的 Conrad Black。问题在于这些人都没有按社会大多数人公认的"合理"标准界定自身行为，而是遵循自己的道德规范，甚至有时将符合道德规范的行为仅限于遵守法律的行为。一旦违反了法律，就需要法院来判定一项行为是否非法、应受何种处罚。如果一项行为不符合道德规范，但又没有违反法律，就无法通过司法方式予以纠正。社会所能采取的唯一行为就是向政府施加压力，颁布更多的法规，或者终止与违反道德规范的公司和个人的商业关系。这就是《萨班斯—奥克斯利法案》颁布的原委，也是相关组织丧失品牌价值的原因之所在。

巨变世界中的价值观与道德规范

道德规范的概念自提出至今已历经多

个世纪，在当今日新月异的世界里，产生了前所未有的问题。世界范围的人员流动从未像今天这样规模这么大、速度这么快。虽然世界 500 强的大多数仍然来自美国和西方，但是来自印度、中国和俄罗斯等新兴市场经济国家的公司也开始跻身其列（《财富》，2007 年 7 月 24 日）。随着业务外包的兴起，主要经营活动（比如制造业或呼叫中心）从发达国家转移到劳动力成本更低的国家，从而形成了公司总部位于一个国家，而其他部门在价值观、社会期望和行为准则与母国截然不同的其他国家运营的新趋势。另外，全球通信更加便捷，使得从世界一端到另一端的日常交谈及音频、数据和视频的传送成为可能。

流动性也使人们得以大规模地从一种文化迁移到另一种文化。在美国，来自世界各地的移民沿袭着多元文化、不同种族和宗教信仰的社会传统。如果群体拥有相同的文化背景，他们也会拥有相同的价值观，进而他们决策和行为的基础，包括对道德规范的遵守，也会相似。如果移民使来自不同国家或文化背景的群体融合在一起，那么影响就颇为深远，价值观和决策过程也未必相同。这与一个人的"好"或"坏"无关，而在于其所成长的社会环境所倡导的行为"准则"是不一样的。如果一个人到国外求学，就很容易体会这一点。

世界价值观调查协会（World Values Survey Association）进行了一些有趣的研究，研究发现，如果把不同文化的价值观比做一块块的"积木"，各种"积木"往往能够搭建在一起（参见世界价值观调查协会的网站：www.worldvaluessurvey.org）。在与"政教合一"的社会进行交往时，人们面临的价值观冲突和挑战最大。虽然大多数西方国家都宣扬政教分离，但是世界其他地区的许多国家却在很大程度上都实行政教合一。在许多情况下，这会使人们在各种问题上产生分歧，从而造成国家之间的冲突。

所有这些变化都会使社会和组织中的个人价值观高度融合，从而为领导者带来严峻挑战，为组织的风险管理提出新要求。如果组织没有尽力明确界定其所期望的道德行为并支持和鼓励遵守道德规范，那么留下的管理真空就会造成难以预料的后果。

社会变迁导致社会期望转变

当今美国的公司治理、责任和管理控制方法，在很大程度上是在 20 世纪 30 年代股票市场崩盘后形成的，自那以后才成立了美国证券交易委员会（SEC），颁布了许多至今仍在沿用的劳工法规。许多事件表明，这些传统的框架已远远不能满足飞速发展的工业化社会的要求，迫切需要人们制定新的规则。

20世纪八九十年代发生了储蓄和贷款丑闻、橘县投资巨亏，诞生了垃圾债券，产生了诸如巴林银行倒闭之类的全球性问题。为了应对这些挑战，管理的重心转变为风险管理。例如，美国反虚假财务报告全国委员会的发起组织委员会（COSO）探寻导致虚假财务报告的原因，并提出了降低虚假财务报告发生率的建议。尽管付出了种种努力，但是问题依然存在。在21世纪伊始，甚至爆发了更大的财务丑闻，如安然、世通、环球电讯等。

随着制造业经历的深刻变革，包括外包到欠发达国家（LDCs），传统的工业化社会向服务型经济和知识经济的逐渐转型等，个人行为成为企业活动的一个更加关键的方面，不过也是一个更难控制的方面。一些传统的知识型企业早已意识到了这些问题，并且建立了道德规范实施计划和政策。时至今日，强生公司仍然秉持着罗伯特·伍德·约翰逊于1943年建立的"公司信条"，这些原则依然指引着该公司的行为，无论公司在世界的哪个地方经营。

大多数观察者都认为道德规范不能仅止于要求遵守，而必须融入组织的文化中。《萨班斯—奥克斯利法案》的第406条要求在公司的"高层"创造积极的文化。在指控公司时，司法部会考虑经营决策的环境，2004年经修订后颁布的《联邦量刑指南》也意识到对组织内各个级别的所有人进行道德规范培训的重要性。仅仅建立道德规范和公司行为规范，并经首席执行官和首席财务官宣布，已远远不能保证组织的日常经营行为真正符合道德规范。

研究表明，遵守道德规范的组织，其劳动生产率更高、人际关系更和谐、团队凝聚力更强、个人参与更积极、欺诈风险更低。如果组织不仅仅止于道德规范的遵守，那么经营流程就会改善，产品和服务质量也会提高。所有这些最终都会提升财务业绩。有些领域的风险可以精确计量，有些领域的风险只能部分计量，还有些则只能大概地认为具有较低的风险。如果组织要识别财务风险及其他风险，并采取措施予以降低，那么道德文化就必须渗透到组织活动的每个方面。为了确保道德规范融入组织文化中，管理会计师可以对公司资源的分配施加重大影响。管理会计师可以更加关注道德行为，以便确定所要解决的行为问题及相关的内部控制风险。

三、范围

本公告适用于希望加强道德规范遵守并寻求建立改善绩效、渗透到组织活动各个方面的道德文化的所有财务会计和管理会计人员。其中许多概念都与企业风险管理（Enterprise Risk Management，ERM）所倡导的概念一致。在企业风险管理中，个人行为成为风险敞口的一个关键因素，必须在评估和实施内部控制时予以考虑。

本公告所介绍的概念和方法是通用的，适用于：

- 财务会计和管理会计人员；
- 公共机构和私营企业；
- 营利组织和非营利组织；
- 大型和小型组织；
- 服务型、知识型和制造型组织；
- 世界各地的组织。

本公告涵盖了创造一个具有高效道德规范组织所需的逻辑模块。本公告仅简要地介绍了一下道德规范这个理论概念所隐含的价值体系，以及各种流派的道德规范思想及其发展，并未触及道德规范动因的某些方面，比如宗教信仰制度及其他可能被视为某些群体所特有的特殊领域。

本公告讨论了在组织内部建立和实施基于价值观的道德规范体系的各个阶段的任务，这些任务有助于在组织成长和发展过程中，使组织满足合规要求，并能够在道德规范方面实现可持续发展。为了给风险和总体控制评估提供一个背景，在应用某些框架性文件时要求评估组织的文化，比如：COSO 发布的《内部控制——整合框架》，就是依照《萨班斯—奥克斯利法案》第 404 条进行内部控制评估的基础。本公告说明了道德文化形成和发展的方式，以便使组织不止于遵从道德规范，而且能够从中获益。由于人类行为越来越多地被视为控制系统完整性的驱动因素，所以本公告说明了只有经营活动的各个方面以及组织每个人的决策协调统一，才能创造一个遵守道德规范的环境。就建立内部流程、管理制度和管理控制而言，虽然这种责任主要在于管理会计师，但是这种方法也有助于鉴证人员（包括内部和外部审计人员）拓宽对道德鉴证复杂性的理解。这将使他们不会仅停留在满足道德鉴证准绳的要求上，而且使 COSO 环境评估真正表明道德文化是否存在及其应用和范围是否成熟。

本公告的每一节分别介绍道德文化建设过程中的一个重要步骤：

- **价值观、道德规范和会计**　说明财务会计和管理会计人员为什么必须超越传统的控制系统方法，在理解人力资本的行为时聚焦于软技能领域。
- **定义和发展组织行为价值观**　表明了：（1）如何评估组织现有的道德文化现实；（2）如何比较现有道德文化现实与所有者和大股东的期望；（3）如何分析二者之间的任何现有差距。
- **榜样式领导**　针对的是建设道德型组织的关键成功因素。组织价值观和信仰的统一不仅表现在领导者的言上，而且要落实在领导者的行上，即领导者的日常管理和行为。

- **道德规范和内部控制** 针对如何把道德思想融入企业流程管理的核心。企业风险管理（ERM）、业务流程重组(BPR)、质量管理、"防误措施"（Poka-Yoke concept），以及学习型组织的建设都可以协调统一起来，形成一个内部控制体系，使人力资源战略与组织经营目标协调一致。

- **实践应用：变愿望为现实** 针对的是为确保道德期望及其所代表的价值观体现在组织管理的各个方面而必须考虑的实践问题。其中包括道德型人力资源管理制度，它不仅制定岗位要求，负责员工招募、激励、考核、培训／发展和保留，而且要基于员工岗前教育和岗位任务讨论、根据情境理解道德行为。它还使道德期望与第三方关系协调一致，比如：组织与供应商、合作伙伴、客户等的商业往来方式；此外还把企业管理的道德和价值观方面纳入规划过程。

- **测量和提升对道德规范的遵守水平** 针对的是如何发展把道德型组织凝聚在一起的"粘合剂"，即：如何通过各种反馈标准检验、证实和评估组织对道德规范的承诺。这是有效公司治理的一个主要方面。董事会、董事会各委员会（如审计委员会）以及其他承担保证道德规范遵从的总体职责的机构，都必须了解道德规范政策实施结果的相关"事实"。本节针对的是核心问题，即：许多负责道德规范遵从的人"不知道自己不知道什么"，因此只能依赖签署的声明和承诺来表明"一切正常"。

读者应该明白，道德文化的有效建设要求持续统一的管理思想，并不是在短期内一蹴而就的计划。

图表 1 是关于建立和实施道德型管理框架的一般步骤，包括此过程中应该考虑的辅助工具、起始状态和支持系统。在最后一个阶段，即实施阶段，必须产生一种持续评估组织道德管理实践情况的方法和框架。可以将这种工具与持续培训和员工年度签署保证书结合起来，为道德行为鉴证奠定坚实的基础。

四、价值观、道德规范与会计

无论是使非营利组织的经营成本最小化，还是使营利组织的盈利能力和投资收益最优化，组织中的管理会计师都承担着保护组织资产并使其发挥最大效益的重要职责。

在当今的大多数组织中，人工成本占经营费用的绝大部分。人们努力降低管理费用，并因此对经营决策实行了分权制，简化了监督和管理。其结果是，组织不再

图表 1　建立道德行为体系的框架

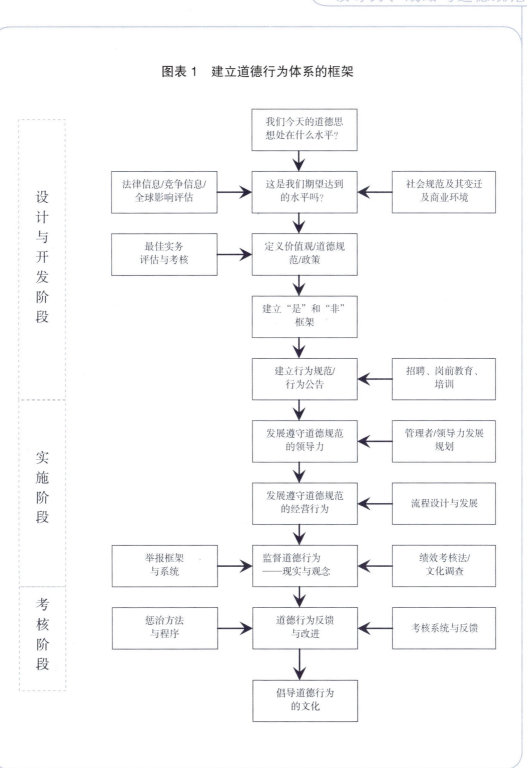

监督和控制员工工作的每个方面，必须在很大程度上信任员工，信任员工的行为符合组织的最大利益。人力"资本"是一项重要资产。只有人才能创新产品或服务，在成本效益上独辟蹊径。人们把知识带到工作环境，与同事共享。人们在彼此之间、在组织发展所依赖的供应商和客户之间建立密切的关系。特别是高层领导为最大限度地发挥人的才能营造了浓厚的文化氛围。那么，组织如何才能保证员工的行为符合组织期望，能促进人力"资产"的不断发展，而不是阻碍其效益的发挥呢？

过去，质量管理和各行业注重产出的作法促使组织对生产工人实施严格控制，但管理者还是意识到只有员工"参与"才能保证有效的质量管理。特别是，如果工人认为个人会因质量问题受到惩罚，就不会迅速或实时地报告质量问题。

在当今的服务型经济中，控制就是要建立一个管理系统，包含流程图、作业规划、过程文件、行动任务在内，从而使个人清楚岗位职能。如果一切都按预期发展，这种控制方式就很有效，但是，如果发生了计划之外的事件，员工又该如何应对呢？个人在决策时又该到哪里寻求帮助呢？借用 Geary Rummler & Alan Brache（1995）在流程管理的开拓性研究中所使用的一个词就是：人们"在管理空白处"该怎么做呢？在大多数情况下，组织都要依靠的是个人

或其直接主管根据其自己的判断制订出的自认为可反映组织"政策"的行动路线。这也是建立一套明确的组织价值观和道德规范的重要性所在——它们为每个意料之外的决策确立了必须依据的判断"标准"。组织的每个成员都必须理解这些价值观和道德规范，否则就会造成不一致，甚至发生不道德行为或欺诈行为。任何一个财务主管、管理会计师或其他管理者都不会允许自己的企业中存在这样的风险，否则其后果不堪设想。对于那些可以预先定义的情境，人们可以通过制订规则（比如美国财务会计公告委员会采用传统方法制订的规则导向型公告）来应对；而对于未定义或意料之外的情境，原则导向型公告更有效。因此，价值观和道德规范的管理方法应该基于一系列原则，而不是一系列规则。

在组织中，如果资本投资是主要经营活动，那么财务主管和管理会计师就会花费相当多的时间预测资本性资产的未来收益，以确保它们按预期发展，产生预期的结果。在规划一项价值50万美元的资本性采购时，如果其中至少包含5%的资金成本，并不令人奇怪。如果资产预期使用5年，那么这项规划成本就会在期初发生，可能要在未来5年内摊销。会计人员就没必要进行详细的贴现现金流／投资报酬率计算，也不会建立模型、电子表格或通过模拟来检验资产的潜在收益。这项规划和

分析的目的是优化投资，降低不当决策所带来的风险。如果招聘决策以及员工岗前教育和培训没有使个人的价值观和道德规范与组织的期望协调一致，结果也会给组织的业绩带来同等、甚至更大的负面影响。缺乏激励的员工会破坏工作氛围，削弱知识转移和创新所必需的团队合作，还会对供应商和客户关系造成严重的消极影响。在任何领导岗位——包括高管、经理、主管、团队领导以及"有影响者"——这些人都会造成混乱、引发冲突，与组织所希望创造的文化背道而驰。

理解人类行为的这一面并应用于实践，其所获得的收益要远远大于遵守法律法规的要求。建设基于价值观的道德文化可以成为一个优化、高效的知识型组织的基石。挑战在于，道德文化取得的是无形业绩，而在大多数情况下，它们不会列示在资产负债表上。但是，如同厂房、设备等资产的有效利用能成就一个企业、也能摧垮一个企业一样，组织的人力资产在这一点上也毫不逊色。

即使会计公告和法定报告认为这些无形资产无法量化，管理会计师也必须想方设法确保这些资产得到了最有效的利用。遵循本公告推荐的方法，管理会计师就能够：

- 衡量组织所期望的员工道德行为与其实际行为之间的差距；
- 通过各种规划、项目和干预，弥补这些差距；
- 让期望的道德行为渗透到组织经营活动的方方面面；
- 建立指标，防止道德行为倒退，消除人力资本对组织的消极影响。

这种方法将提高组织的经营效果，显著降低欺诈及其他违规行为的发生。

五、界定和发展组织的行为价值观

每个组织都有自己的文化。在小型公司，特别是家族企业中，文化反映了企业主和主要经营者的个人价值观和经营方式。在大型公司中，自上而下地贯彻正确的价值观是比较困难的。事实上，在大型组织中，最大的风险之一就是董事会和高管认为公司存在的文化（根据定义，即价值观和道德规范）可能与员工、客户和供应商实际感受的文化大相径庭。换言之，高层领导的文化观念并不现实。

在过去30年中，许多商业丑闻都源自一个问题，即：不是因为董事会或高管是"坏人"，而是因为他们对于企业的经营活动"不知道自己不知道什么"，从而作出了违背事实的错误假设。

在道德文化建设时，第一步必须评估

组织现有的价值观和文化，并发布一系列公告，定义组织所秉持的原则。这些公告和原则可以由股东制定，也可以由董事会或组织的治理机构制定。文化评估将询问各级员工、供应商、客户及其他相关人员，搞清楚在他们心目中认为是什么在推动组织的发展。

文化评估的最有效方式是把重点目标客户群和广泛调查结合起来。目标客户群可以作为"试验"，提炼出价值观的主要类别。一旦搜集了数据，就可以将其与高管和股东对组织价值观的看法合并。然后在广泛的员工及其他主要相关人员中进行调查。以下是调查过程中经常提到的问题：

- 本组织信奉的价值观是什么？
- 本组织的决策坚持哪些原则？
- 本组织所秉持的道德准则是什么？
- 管理者和领导者所表现出的原则／信仰是什么？

调查活动提供了一系列"是什么"的问题，即：人们在日常活动中看到的组织的现实。对这些问题的回答没有对或错，只是反映了推动组织日常活动的现行思想和行为。

对于组织领导层，也应该采取同样的方法，从而产生一系列"应该如何"的回答，即：企业领导认为组织文化应该是什么样的。"是什么"和"应该如何"之间的差距，就定义了组织在建立道德规范基础和可靠的、统一的价值观时所需解决的问题。

根据这项信息，组织领导者应该制定一套明确的道德准则（或价值观），作为道德型管理和道德式领导框架的基础。这些准则虽然言简意赅，但许多人仍然会有独特的解释，所以下一步就是高管根据每项道德准则制定行为规范。行为规范的构建使人们明确哪种类型的行为支持道德准则（即哪种类型的活动符合道德准则）。此外还要使人们明确哪种类型的活动被视为不符合道德准则。按照这种方式，道德准则就具有可操作性了，变成了与日常决策和经营活动相关的范例。

在这个阶段，一项重大的挑战就是确保支撑道德规范的价值观不仅仅是几句套话。高管必须理解每个道德准则在贯彻实施中意味着什么。如果道德准则不能明确体现出道德承诺期望日常经营环境中应该表现出哪些行为，就会导致误解、冲突和混乱。

道德文化需要能够把日常决策与道德承诺联系起来。例如，解聘员工似乎不符合与人力资源管理方面的道德承诺及相关的道德准则。但是，在裁员过程中，如果表现出体谅、同情和理解，实际上就是一个道德规范在实践中的应用范例。

如果道德行为有讨价还价的余地，那么它所体现的价值观就毫无意义。高管必须保证公司践行每一项道德承诺。检查实际行为究竟是支持还是偏离所制订的道德准则就成为一个关键步骤。此步骤可确保关键管理者全面考虑根据价值观所作道德承诺所带来的风险，以及实际工作中发生事情所带来的后果。如果道德政策允许在例外情况下偏离道德准则，那还不如不制定道德政策。

一旦制定了道德规范，就应该在组织内贯彻实施。最好的实施方式是分级部署，各级管理者分别向其下属传达并解释组织的期望。另外还应该辅之以在线培训及培训前或培训后测试，以确保全体员工都阅读、内化和理解了道德规范的基本要求。

六、榜样式领导

道德行为并非仅仅针对底层员工——遵守道德，人人有责。没有什么比管理者在日常工作方式中所表现出的道德行为更重要的了，其中包括以下几点：

- 与各级员工的沟通，无论是组织内部的，还是组织外部的；
- 让他人参与决策过程；
- 指导和支持他人；
- 处理员工发展、绩效考核问题；
- 在办公场所的个人行为。

在今天的劳动力队伍中，我们可以看到组织在经营中缺乏道德承诺。因此，人们常常很怀疑处于管理和领导职位的人的言论，即：人们往往相信自己所看到的，而不是公司"唱的高调"。要使道德规范真正发挥作用，处于领导职位的人就必须以身作则。领导者必须严格遵守道德规范。

道德型领导：经理和主管

在 2005 年的美国全国商业道德调查中，确定了可以支持道德规范有效实施的三项道德行动（Ethics Resource Center, 2005）：

- 树立良好的榜样；
- 遵守承诺；
- 支持他人遵守道德准则。

这三项行动都严重依赖于组织的经理和主管的领导能力。道德规范可以确保经理和主管在进行道德判断时有一套基本准则可依。"管理者最终要为公司的道德成熟度负责，因此其道德要求标准也必须高于普通员工，而不是我们经常在公司领导中看到的低标准。"（Bottorff, 2006）除非员工看到公司领导在日常经营活动中践行了道德准则，否则任何组织的道德政策都不可能赢得信任。

《萨班斯—奥克斯利法案》第 404 条的合规要求就始于内部控制评估，它审查组

织控制环境的现实状况。领导，尤其是处于最高职位的领导，要"确定基调"，要在自身的行动中体现对组织道德框架及其他内部控制的承诺。高管必须避免在组织中形成"凌驾于道德准则之上"的观念。

2004年修订的《联邦量刑指南》中，明确了组织建立"有效合规和道德计划"的重要性，将其作为判定是否有罪时的一个量刑因素。这项修订旨在不仅让建立制度和控制的管理者发挥领导作用，而且让董事会和大多数高管都承担起责任。如果首席执行官、首席运营官和首席财务官都以身作则，那么就会增加制度和控制的信誉。

内部控制依赖于组织中的人的诚信和行为，在知识型组织中尤其如此。制定道德政策并予以宣传、贯彻、落实，就成为保证道德规范的遵守的基本要素。不仅如此，如果制订并落实了政策框架，首席执行官和首席财务官是否能够签署自己的遵守道德规范宣言就不会成为太大的风险。"领导必须了解各种人类行为及其相互作用是如何像拼图一样拼合成一幅完整的图画的。组织只有理解了实现道德目标所需要的全部价值观和行为，才能发展弘扬道德精神的文化。"（Gebler, 2006）

在"提高道德绩效的五道防线"模型中的第三个内环中，这种作用得到了进一步强化，它支持前两步，即：招聘"遵守道德的"员工和制定道德规范（Collins, 2006）。Denis Collins把这项因素称为"道德模范型领导"。

因此，组织的道德规范必须作为招聘决策的标杆，从而确保应聘者的个人道德规范与组织的期望一致。道德规范也必须作为经理和主管的教育和培训的基础，还必须作为绩效考核、员工培养和职业发展决策的一个关键因素。把这项工具付诸实践的一个最好的例子就是通用电气公司使用的管理绩效矩阵。这项工具把行为划分为两个轴："任务"和"关系"，并按这两项标准评估每个经理。如果经理被评估为低关系／高任务型的，即：工作完成得出色但行为不符合通用电气的价值观，那么这些经理就视为重大问题。这样的评估也是所有评估中最难的一个。他们创造了业绩，但是却无视价值观。他们是破坏性力量，因为他们会破坏环境、让人厌烦、抑制了创造力，使有价值的下属纷纷离开组织。

这听起来很有说服力，但是似乎又不合理，这些经理毕竟创造了业绩，不过这正好触及了道德型领导的核心。如果组织不只是说说而已，那么它就必须实现能够平衡"任务"和"关系"的业绩。帮助管理者和个人辨别和处理这个问题的一项优秀工具，就是"洞见学习和发展有限公司"

（Insights Learning and Development Ltd.）经过广泛研究所开发出来的"洞察力自我评估"计划（Insight Self Assessment）。

许多组织都试图通过任命一位"道德官"来加强道德型领导。要使道德官发挥作用，就必须具备几项关键因素，包括授权、责任和岗位职责。要保证道德官的真正独立性，道德官应该有能力发现组织各个级别存在的问题。要做到这一点，道德官应该直接向董事会的审计委员会或特定委员会（比如公司治理委员会）报告。此外，为表明组织对法律义务与道德义务的理解，组织可以确保道德官不被视为一种守法审查授权，而是更广泛的预防不道德行为的授权，无论它是否合法。

最后，终极道德榜样是由首席执行官或者同等职位的人树立的。董事会虽然负责确保表现出这样的领导行为，但是仍然过度聚焦于组织的"结果"。根据 Booz Allen Hamilton (2005) 进行的一项调查，首席执行官遭解聘的首要原因是业绩不佳，而不是缺乏道德行为。董事会必须确保制定道德政策，确保它所选出的代表同意并遵守道德政策，还要利用 360°调查或其他类似工具，确保从组织中获得关于首席执行官在遵守道德准则上的表现的充分反馈。

道德型领导：专业财务和会计人员

对道德规范作出承诺，对于管理会计师和其他财务人员也同样重要。美国管理会计师协会的会员必须遵守《管理会计公告——道德行为准则》，并应用于自己的工作。该公告规定了美国管理会计师协会的四项基本原则，即：诚信、公正、客观和责任。它还规定了四项道德守则，作为指导管理会计师的从业行为的基础，即：能力、保密、诚实、守信。

依照该公告，"美国管理会计师协会的会员不仅应该遵守这些道德行为准则，而且应该鼓励组织的其他人遵守道德行为准则。"这就强调了管理会计师要在组织中发挥领导作用的责任。要实现这一点，不仅要以身作则，而且要帮助组织建立自己的道德准则、价值观和道德规范，并付诸实践。

美国管理会计师协会的会员必须始终确保自己遵守对该公告的承诺。例如，如果一个会员的雇主决定不公布某些信息，因为"……有理由认为会影响某些人对报告、分析或建议的理解"，那么会员就有义务指出这种"不道德的"行为并尽力纠正它。会员的这种行为可能会导致充满挑战性的环境。正如在所有道德情境中一样，在采取行动之前必须尽力搜集全部事实，如有必要，还应该寻求专业指导。

2005年6月，国际会计师联合会（IFAC）发布了《会计人员道德规范》。它是由国际会计师联合会的国际会计准则委员会制定的，为会计人员的道德行为设定了一个底线："会计职业的一个显著特征就是它承担着为公众利益服务的职责。因此，会计人员的职责并不仅仅是满足一个客户或雇主的需要。在为公众利益服务的过程中，会计人员应该遵守本道德规范的道德要求。"许多其他组织也采纳了这个《会计人员道德规范》，帮助指导自己的会员的行为。作为国际会计师联合会的会员，美国管理会计师协会的准则也符合国际会计师联合会的道德规范。

随着会计职业的全球化持续发展，在满足工作场所对有效的道德框架的需要中，会计人员必须继续发挥领导作用。美国管理会计师协会和国际会计师联合会为自己制定了较高的道德标准。这两个会计组织以及其他会计组织的会员，都必须充分理解和践行所适用的道德规范。其中包括在工作场所保持专业精神，个人决不违反道德规范，同时鼓励和支持组织建立、采纳、实施和维持有效的道德规范。

七、道德规范与内部控制

人类的行为总能令人惊叹。人们能够使自己的任何决策合理化，使之与个人所认可的价值观一致。如果罪犯认为社会欠他什么，那么他就会很容易认为盗窃是合理的。如果人们认为可以不择手段，就不会为欺骗而感到内疚。

上市公司会计监管委员会（PCAOB）把COSO模型作为依照《萨班斯—奥克斯利法案》第404条进行内部控制评估的基础，这个模型为确定组织存在的风险以及如何更好地管理风险提供了一个框架。虽然遵守《萨班斯—奥克斯利法案》已经成了许多组织的一个难以承受的负担，而且应用COSO模型也可能被视为过分的要求，但是评估组织风险的方法是有效的。之所以建立最初的COSO框架，是由于20世纪80年代的丑闻和公司破产案导致的。组织确定所存在的风险以及处理风险所需要实施的控制的能力，成为了一个重要的问题，从而导致了20世纪90年代企业风险管理的兴起。在Keith Wade和Andy Wynne所著的《控制自我评估》一书中，发表了大量介绍风险框架采纳及实施的优秀案例研究。

风险存在于组织经营活动的方方面面，所以控制也需要存在于组织经营活动的方方面面。虽然《萨班斯—奥克斯利法案》定义了风险评估的广度和深度，但是在决定什么真正需要评估时仍有多种工具可用。

对大多数组织来说，关键的是涉及组织所有核心、关键工作的核心流程。其中可能包括制造产品、处理医疗保险理赔、招聘员工或者向供应商付款。几乎在任何情况下，流程管理都有助于确定正在做什么工作、因而可能存在什么风险。流程管理和流程思想就成为确定风险和内部控制的一个基本因素。下面所列的三项工具可以把流程设计、风险评估和内部控制结合起来。

业务流程重组（BPR）在 20 世纪 90 年代盛行起来，它提供了一种关于组织流程的系统化观点，揭示了投入转化为产出的过程中应执行的任务和应从事的活动。在每项任务和活动中都存在管理会计希望考虑的潜在风险。但是在任何情况下，行为因素都必须为风险及其控制提供背景。所要问的一个典型问题就是："一个理性的人在这种情境中会怎么做？"在许多情况下，所实施的任何控制都必须基于这种行为，但是还有其他问题：管理会计师能肯定执行任务的是一个理性的人吗？如何选择执行任务的人呢？指定执行任务的人具备什么能力呢？这些能力经过测试和检验了吗？能保证任务的"正常"执行吗？制定道德政策并保证根据政策选拔和招聘员工是能够做好道德管理和评估的基础。

质量管理提供了另一种流程管理观点，它为管理会计师提供了多种有助于突出流程绩效和风险的好的选择。事实上，质量管理和管理会计具有许多共同之处。质量管理人员力求通过避免失误和返工，确保流程实现"零缺陷"。其中包括确保任何可能导致失误发生或未被发现的潜在风险都得到评估，这也是管理会计师所共有的目标。

质量管理工具包括失效模式与影响分析（FMEA）、防误评估（理解流程并对工作采取"防误措施"，确保不发生失效）、六西格玛流程分析技术（在根据流程成本或流程结果的影响被视为财务上可行时）。

简化的系统可以吸收流程管理和风险管理的要素，用下列标题建立一个 Excel 电子表格：

- 流程活动；
  √ 活动中的任务
- 每项任务中的潜在失误和风险；
- 对失效的影响的风险评估（利用简化的"高、中或低"或者更传统的"影响"和"发生频度"量表 1-3）；
- 评估利用现有控制的发现风险的概率；
- 根据评估确定的所需采取的行动。

利用这项工具并从行为的角度考虑风险有助于确定应该建立何种类型的控制以及最适宜在哪个环节实施。这种方法没有依靠传统的总量控制、授权及安全水平等

会计方法，而是采用了行为与所期望的准则是否偏离的观点。

持续流程改进（CPI）是有助于确定与道德和行为问题相关的第三种控制方法。这个概念涉及"学习型组织"的发展。在"学习型组织"中，对流程绩效的持续性监控和评估，可以发现潜在的流程管理和控制问题，可以持续修订工作和控制体系，从而降低成本、增加流程循环周期，并且（从道德的角度来看）可以发现现有控制（包括如何分配工作、如何招聘和安置员工）过分还是不足以及发现意料之外的行为。在大多数组织中，传统的控制都是从现实和员工的经验中发展而来的，可能已经建立了相当长的时间，所以持续流程改进就是管理会计师应该特别关注的领域。随着组织的发展，招聘新员工或者调整适应竞争压力，经营环境也会发生变化。这些变化可能会使现行的内部控制失效或者不可行。例如，随着劳动力队伍的变化，传统上对有丰富经验的员工的依赖可能已远远不够。新员工的行为方式可能无法实现预期结果，尤其是在道德型招聘、道德型领导和道德规范的遵守等方面做得不够的情况下。

创造一个弘扬道德精神的工作环境，是任何一个内部控制系统的基础。人类行为具有不可预测性，除非建立一个期望底线，并以此作为一个框架，决定"理性的人"在规定情境中如何行为。随着员工周转率的提高，以及组织在不同社会中经营，环境会变得更加复杂，更易受不同价值观和道德行为"准则"的影响。出于内部控制的目的，无论是基于基本社会准则，还是过去的经验，管理会计师都不能再假设一种行为会保持一致，或者具有可预测性。

在建立管理控制系统、保护股东价值时必须要回答的一个很简单的问题就是："我真正了解组织中的个人在决策时依据的价值观吗？"只有建立了全面的公司道德行为框架之后，人们才能信心百倍地期望内部控制系统发挥作用。

八、实践应用：将愿望变为现实

制定有意义的道德政策十分重要，但是还需要努力把政策贯彻落实。仅仅传达一下政策，然后就期望管理者确定道德行为已经渗透到企业的方方面面，是远远不够的。本节明确了保证"愿望"和行动协调一致所需要的几个步骤。

管理会计师强调完善的控制，也强调盈利与费用增长之间的平衡。审计师也必须关注平衡与控制程度之间的问题。任何企业都总会有一定水平的内在风险，而这项挑战恰恰决定了有效控制所需要的投资应该投在哪里。

如果不进行企业风险评估，就不可能建立企业范围的控制系统。企业风险评估应该是起点。风险的一个方面是员工行为的影响，所以需要强调的一个领域就是使意料之外的、不可接受风险的行为达到最小化。

正确的人

组织的道德政策必须应用在招聘阶段。这就要求招聘人员通过提问或测试，评估应聘者是否与组织的道德行为规范一致。这些提问或测试包括：

- 面试时用一些问题鼓励应聘者回答自己将如何对特定情况作出反应；
- 询问应聘者的个人道德规范（或价值观）；
- 要求应聘者评论什么样的职场行为是不道德的；
- 建立多项选择测试，要求应聘者说明自己对各种道德陈述赞成或反对的程度（Gale, 2002）；
- 团队面试，一个面试者提出道德问题，其他面试者提出其他备选方案，要求应聘者补充自己的个人观点。

管理会计师应该与人力资源管理人员合作，确保用于强化"道德型招聘"的各种方法满足法律（比如平等就业机会）及其他政策要求。虽然在很大程度上仍处于发展初期，但是许多就业前测试工具已经开发出来，有助于评估应聘者的行为期望。道德评估领域充满了挑战，但是在其他行为领域对这种测试的应用很成功（比如客户服务教育、销售能力等）。管理会计师应该确保部分人力资源预算分配给全面行为分析，而且要确保对敏感职位（通过企业风险评估决定的）进行深度评估。

员工培训的关键作用

虽然在招聘后必须向每名员工提供岗前教育，但是仅仅了解和承诺在工作场所遵守道德规范还远远不够。每名在职员工都应该接受持续培训，从董事会逐级往下，组织的各级员工都毫无例外。会议委员会所进行的几项调查似乎表明组织对这项要求是严肃对待的，尤其是在《联邦量刑指南》2004年修订之后，因为它建议培训必须在整个组织开展，在组织被判定有不当行为时，企业培训可以作为减刑的有效方法（会议委员会，2006）。

员工得到的培训应该聚焦于道德概念、组织的道德规范和遵守问题。要做到这一点，培训内容就应该包括：

- 道德概念和思想：道德行为问题"背后"所隐含的是什么？
- 组织的道德规范及道德准则。

对遵守道德规范的期望应该涵盖：

- 员工的一般行为和个人行为；
- 如何把道德规范融入工作管理方法中；
- 道德规范如何影响具体工作、流程、活动和关系；
- 组织如何监督道德规范的遵守；
- 如果员工有道德规范遵守问题，可以寻求哪些途径（个人指导、建议和"预警"机制）；
- 发生问题或投诉时应采取什么行动；
- 查实违反道德规范后应该采取什么行动，给予什么处罚。

如果管理会计师关注组织道德规范的有效实施，就应该确保建立培训计划，并且培训是全面的、针对员工将面临的"现实世界"情境、基于重复和一致性（即相同的信息在组织上下重复宣传，这对避免"我不知道……"之类的辩护至关重要）。最后，如同能力发展的其他领域一样，道德规范和道德行为培训也应该反映"职业生涯阶段"，即：道德培训应该根据员工的能力、工龄和职位进行个性化培训。任何职位都不能凌驾于培训要求之上，包括高管。

将道德规范融入工作行为

虽然领导被视为有效实施和维持道德政策的一个关键因素，但是大多数员工还都会从自己的工作和岗位出发看待道德问题。如果期望员工在高层级道德准则（比如"我们要尊重每一位顾客"）与自己的工作之间建立联系，往往就会出问题。因为这会使员工错误地解读要求他们做到的行为属于哪个层级和范围。高层级的道德准则必须在组织中逐级分解，以便使员工能够理解自己的日常职责所要求的道德准则。

管理者和领导者可以将此作为给员工传达具体期望的一种有效方法。例如，货运部的经理可以召集司机讨论：在他们的具体工作中"我们要尊重每一位顾客"意味着什么。然后，这个团队就可以开始建立自己的"是"和"不是"表述，反映出他们的工作层级道德实践的现实，并聚焦于司机如何把高层级的道德准则付诸实践。这种讨论还有助于人们在建立组织层级的道德准则时发现未讨论或未预见的本层级的问题。道德行为的关键问题在于员工往往没有机会评估道德问题，但是这种过程就可以允许员工参与（Bowen, 2006）。

这些讨论的结果可用于培训新员工，帮助他们确立与具体工作相关的行为，将之纳入能力、岗位职责和绩效考核过程中。这种框架也有助于确定要求特殊培训的领域或者现行流程或工具是否使员工无法真正遵守道德准则（员工通常具有令人难以置信的创造力，可以想方设法地绕过障碍实现预期结果，即使这意味着要在基于特定类型的预期行为的内部控制上作出让

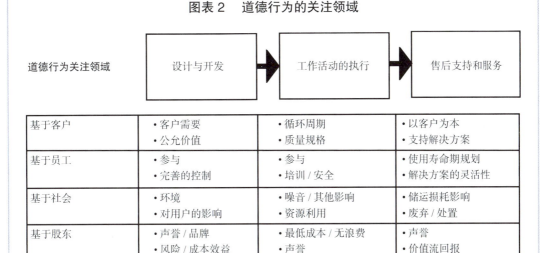

图表 2   道德行为的关注领域

道德行为关注领域	设计与开发	工作活动的执行	售后支持和服务
基于客户	• 客户需要 • 公允价值	• 循环周期 • 质量规格	• 以客户为本 • 支持解决方案
基于员工	• 参与 • 完善的控制	• 参与 • 培训 / 安全	• 使用寿命期规划 • 解决方案的灵活性
基于社会	• 环境 • 对用户的影响	• 噪音 / 其他影响 • 资源利用	• 储运损耗影响 • 废弃 / 处置
基于股东	• 声誉 / 品牌 • 风险 / 成本效益	• 最低成本 / 无浪费 • 声誉	• 声誉 • 价值流回报
基于供应商	• 参与 • 议定	• 规划 / 配送 • 问题解决	• 参与 • 学习 / 支持

步）。

为了岗位培训价值的最大化，应该为岗位培训提供充足的资金支持。基本道德培训可能有助于培养道德意识和营造道德氛围，但是大多数员工都是从自己的具体岗位和职责的角度看待世界和行为问题的。内部控制的道德方面只有在工作层面才能发挥作用，所以培训必须在该层面进行才会有效。

将道德规范融入工作管理方法

组织未践行道德承诺的一个典型例子，就是口头宣称"我们的员工是我们最宝贵的资产"、却未让员工参与日常工作的设计、开发或改进的组织。组织言行不一，就会使整个道德规范失去信誉。

在实践中，为了把道德规范的愿望变为现实，组织活动的每个方面都应该受到实施道德规范的影响。图表 2 是如何考虑道德规范实施的简化图式。横轴表示三类高层面的组织流程，即：产品和服务的设计与开发、产品和服务的实际生产或配送、售后客户支持。纵轴表示主要道德话题领域的典型归类。矩阵中各项内容考虑的是如何在道德规范及其所阐释的价值观与实施之间建立联系、在哪里建立联系。这个图示只是说明性的，目的在于说明如何把愿望变为现实。

设计与开发流程

在许多情况下，组织都通过产品和服务的上市方式来表明自己的道德规范。例如，如果组织生产的产品会破坏环境、耗费过多的自然资源或者在处置时无法避免对环境产生显著的消极影响，那么组织就很难让员工相信它高度关注环境。管理会计师应该确保在组织的设计与开发方法中建立解决各种问题的流程，即：融入关于材料耗费、生产方法及产品支持和处置的主要决策中。如果在设计流程的后期处理这些问题，就会造成成本显著提高、产品无法在价格和销量上达到规定的市场目标。采用诸如生命周期成本分析法（LCC）之类的工具，有助于建立一个考虑产品设计阶段之类的问题的规划流程。

工作规划和执行

一旦产品或服务完成了设计阶段，进入生产／配送阶段，就需要在下列领域考虑道德行为和内部控制：

- 原材料供应商的选择和合同的议定；
- 分包商和分销商的选择和议定；
- 所有生产领域的传统控制，比如原材料的盗窃和副产品；
- 建立虚假客户或客户关系；

- 与潜在客户进行非法或不道德的议定的可能；
- 采购和销售流程中的虚假交易；
- 建立或利用虚假企业或不道德的企业从事商业活动；
- 采用非法或不道德的方法处理废弃物或废料；
- 组织资产非法或不道德地用于非公司用途；
- 非法挪用组织资金；
- 工作流程的建立及其对员工的影响（安全等）；
- 工作流程的建立及其对第三方的影响；
- 确保流程设计的成本最小化、质量最优化。

只有日常经营决策和工作流程强化了道德期望，才会产生道德行为。在 ISO 9000 标准中，国际标准组织表示："组织应在受控的条件下规划和生产产品或服务"（ISO 9001、2000，第 7.5.1 段）。此外，实施指南中还指出："管理者应该确保组织不仅了解适用于自身产品、流程和活动的法律法规要求，而且应该把这些要求纳入质量管理系统。此外，还要考虑对现行或未来法律法规要求有道德、有效果、有效率地自觉遵守……"（ISO 9004、2000，第 5.2.3 段）。很明显，在遵守流程管理的过程中，必须强调控制及行为的道德方面。

售后支持和客户服务

在许多情况下，组织都有义务在销售完成后持续支持其产品和服务。这是组织在设计流程和从事经营活动时体现出对组织道德规范的遵守的另一个关键领域。众所周知的例子就是强生公司在泰诺特效胶囊被投毒并导致死亡事件后召回了泰诺。外人可能无法准确地决定公司的哪项道德规范要求其毫无异议地全部召回产品。毫无疑问，人们可以想象，强生公司内部就产品召回对季度收益的影响以及市场上的大多数产品未被投毒的可能性展开了怎样的讨论。但是，如果公司要坚守自己的信条，就必须做"在这种情况下正确的事情"。如果不对越来越多的产品问题或产品缺陷采取行动而导致更多的死亡或其他消极影响，就会与负责任的做法形成鲜明的对比。虽然强生公司能够避免产品召回的长期影响，即：引进了防投毒包装以应对危机，但是许多未采取立即行动的公司从未在市场中恢复过来。

当危机发生时，管理会计师就面临着道德规范上的挑战，他们必须去平衡组织、保护股东利益，保证产品质量、客户至上及组织在社会中的地位，所有这些都会影响组织的声誉。在这种情况下，重要的是考虑对股东总投资的长期影响，而不是仅仅考虑短期收益。在当今的经济环境中，无形资产在组织价值中占的比重越来越大，影响组织品牌或声誉的不道德行为可能会比短期收益产生更长期的影响。

第三方道德影响

即使行为不直接受组织控制，也会产生道德问题。例如，欠发达国家的分包商的影响。因为在欠发达国家，职业行为可能不同于母公司所在国认可的行为。如像耐克一类的公司，一旦新闻报道分包商雇用童工，公众就会让公司负责。随着外包的日益发展，组织必须牢记：不同国家的职业行为、社会条件和价值观可能迥然不同。涉及第三方潜在不道德行为的风险领域包括：

- 呼叫中心及其他客户服务支持活动（包括技术支持）；
- 远程供应商提供的第三方售后支持；
- 作为分包商或"合作伙伴"的安装企业；
- 产品和服务的分销商和代理人；
- 代表组织宣传产品和服务的广告代理商；
- 服务提供机构——尤其是政府部门正在采取或已经实施了多元服务提供方式（ASD）；
- 在母公司日常监控之外的关联组织。

在任何情况下，任何第三方违反道德规范，都会被反追到主要组织上，尤其是在公众眼里。在当今更加强调外包、分权

和核心竞争力的时候，组织必须确保在治理结构中有适当流程来处理"合作伙伴"的市场行为。

人们还会关注第三方的选择过程。选择标准不仅应该包括传统方法，比如：组织信誉、财务稳健、遵守产品和服务规格和定价，而且还应该评估潜在合作伙伴的声誉及其遵守买方组织的行为期望的能力和承诺。仅依据价格进行选择会大大增加风险，而且在对客户、市场和整个社会的影响与所期望的不一致时，还会产生下游问题。

将道德规范融入企业规划

在制订企业规划和决定资源分配时会优先考虑一系列经营活动，一般聚焦于最优化，甚至盈利能力最大化和成本最小化。但是，如果组织的员工认为规划决策中没有考虑道德行为因素，那么保持道德规范的相关努力就会受到影响，甚至会失败。需要优先考虑道德行为的领域，包括招聘阶段的员工测试、为新员工和在职员工提供道德培训，特别重要的是经营扩张和收缩所采用的方法。

实现经营扩张的方式包括并购、自我管理型地域扩张（国内和国际）以及产品或服务扩张。

在并购中，管理会计师必须确保组织

文化方面也纳入审慎调查之中。历史表明，许多兼并都没有实现预期的结果，尤其是服务型公司。在许多情况下，问题是因不同组织文化很难调和而产生的，从而造成低于预期的收益、更高的整合成本、更高的员工周转率、客户流失，最终必须冲销大部分收购成本。更有甚者，融合不同文化会给吸引新员工带来消极影响。

在扩张和进入新兴市场时，可能产生的最大问题就是进入商业文化不同的新兴市场所遇到的挑战。尽管颁布了诸如《反海外贿赂行为法》之类的立法，但是组织仍然面临着要争取业务或做一件事就必须付"佣金"的现实问题。那么什么样的佣金会构成贿赂呢？在这个领域，必须控制支出审批，确保其透明度，确保组织充分考虑了道德规范可能会与不同商业文化的经营行为产生冲突的意义。为了让员工相信道德规范是真实、有力的，就必须让他们看到道德规范在整个组织的统一适用，即使这意味着在企业规划层面就必须放弃机会，如果它将导致组织无视道德规范或打折扣的话。

在无规范可循的情况下

在任何控制系统中，最大的挑战就是要知道在道德规范可循的时候应该怎么做。如果必须在无规范可循的情况下决策，员工就必须运用自己所了解的组织道德公告，建立一种符合道德规范的正确决策和思维过程。如果不能有效贯彻道德政策，为员工提供适当的道德培训，员工就会被迫依靠自己的个人价值观，这样做就会增大道德反应不一致的风险。正是这些"管理空白处"带来了最大的潜在道德挑战和风险，尽管这些空白处只占个人的日常工作的5%左右（Rummler & Brache, 1995）。

九、衡量与增进对道德规范的遵守

在遵守道德规范中最大的问题之一，是组织是否具备这样一种能力，即真正了解日常经营活动，并将对道德规范的遵守作为主要治理和责任框架的核心因素。颁布法律，对行为不当的人进行更严格的审计和更严厉的处罚，可能具有一定的威慑力，但是，最终能使管理者安心的是内部控制和经营透明度。难点在于"你不能管理无法计量的东西"，所以人们可能认为道德的遵守仍然在很大程度上有赖于首席执行官和首席财务官对建立完善的内部控制所作出的承诺。因20世纪20年代的股票市场崩盘而发展起来的公司治理方法，在公司的主要资产由无形资产和知识型资产所构成的当今社会中，已经变得过时了，但是大多数公司治理的合规要求仍然植根于单纯的财务报告（Shepherd, 2005）。组织应该超越财务报告的范围，以更广泛的方式对道德规范的遵从情况进行评估吗？

比如《联邦量刑指南》和美国证券交易委员会的要求。

虽然对内部控制效果的证实和外部审计仍然是关键要素，但是组织还可以采纳其他方法使员工遵从道德规范，并将这些方法作为内部控制的一部分。下列方法利用COSO的框架，可以满足《萨班斯—奥克斯利法案》第404条的"监控"要求。

人员绩效反馈环

绩效考核和发展系统必须与道德行为要求完全一致。能力、岗位职责和目标应该包括道德期望，员工定期考核系统（至少每年进行一次）必须依照相同的标准评估员工。如果道德规范要求员工尊重每一个人，那么绩效考核流程就必须包括360°信息，既包括内部反应，又包括外部反应，以便评估事实是否真正如此。关键绩效指标（KPI）必须包括根据道德培训要求追保员工。例如：

- 在规定时间框架内完成岗前教育的新员工数量和比例；
- 完成年度道德行为再培训的员工比例；
- 在年度绩效考核中被评定"达到"和"超过"道德标准的员工数量；
- 因杰出的道德行为而获奖的员工的数量。

调查工具

持续调查是评估道德绩效的一个颇有价值的工具，尤其是在管理和领导力等领域。调查可以根据组织的道德规范设计，并让员工为组织对道德规范的遵守情况评级。例如，如果组织宣称"我们尊重每名员工并表彰其功绩"，那么就可以问员工他们对这项道德公告的认同程度，比如：

- "本组织尊重每一名员工"；
- "我在组织中受到了尊重"；
- "我的经理尊重我"；
- "我的同事尊重我"；
- "我的经理认可我采取的行动的价值"；
- "在本组织有功必奖"。

可以让受调查者依照从 1~5 或从"强烈不赞同"至"强烈赞同"的等级，为每项道德规范评级。调查结果就成为持续遵守指标的基础，可以用于激励员工关注和改进道德遵守行动。这样就把公司转变为一个学习和发展型组织。在组织层面，调查向董事会和其他高管提供了表明组织道德规范实施和遵守方面的情况。

管理会计师应该确保调查数据足够详细，以便将关注的问题和行动联系起来。如果不够详细的话，只提供大概情况，就无法确定需要改进的相关问题。这不仅浪费时间和资源，而且据此制定的解决方案和采取的行动可能无法针对正确的问题。

设置举报框架的重要性

有效的反馈系统包括建立保密框架，让员工报告可能违反组织道德规范的行为，以及道德遵守方面挑战组织的决策。统计数据表明，大量职业欺诈案件都是通过员工"热线"或其他报告发现的。在 2006 年的《关于职务欺诈和职权滥用的国家报告》中，美国注册舞弊审查师协会（ACFE）指出，在所发现的金额 100 万美元以上的欺诈中，44% 是通过保密热线报告的（ACFE, 2006）。按照 David Gebler 对工作价值观的看法，创造一种"员工能够不惧报复而自由提出问题和关注"的文化，是构成诚信型组织的六个关键因素之一。例如，美标公司就设有 65 名"道德顾问"，据安全主管 Rose Shyman 讲，他们就是"为员工处理道德情境提供指导的关键人物"（Datz, 2005）。道德顾问定期召开会议，确定并讨论组织应该了解及可能需要解决的共同问题。

无论组织选择哪种方法，道德问题的搜集、分析和总结都能为道德规范的实施及员工的遵从情况提供有洞见力的信息。此外，追踪和监控通过举报系统提出的问题还为提高和改善内部控制创造了机会。管理会计师必须确保建立这些流程，确保它们的运作完全保密，还要确保它们能够基于统计数或事件提出报告，藉此透视公司的道德行为。

首席执行官和首席财务官必须宣誓遵守完善的内部控制（以及其他任何保证），因此就把自己的诚信置于被监督之中。为发展、实施、保持和监控组织的道德绩效而建立一个全面的集成系统，高管会满怀信心地宣称道德规范是组织文化的基础，并使其完全融入每名员工和商业伙伴的思维过程中。

术语表

负责任的 (Accountable)：对行为能够承担责任的。

偏见（Bias）：一种影响正常判断的倾向。

贿赂（Bribe）：向肩负一定职责的个人（或组织）提供或给予物品，以诱使其做出违反职责的行为。

道德守则（Code of Ethics）：组织编纂和公布的道德公告，旨在规范企业及其代表如何从事经营活动。

投诉者（Complainant）：针对组织内部或外部的任何错误事情，提出问题和关注的任何人。

保密的（Confidential）：秘密完成或秘密传递给另一个人的事情。其隐含的意义是，出于某种原因（从个人隐私到竞争优势），传递信息的人至少不希望其他人知道信息。

利益冲突（Conflict of Interest）：公务员、企业管理者或者其他肩负着一定职责的人可能会因其官方/职业行为而受益的情况。

道德观（Ethics）：道德公告体系；某个群体的行为准则；任何行为规范（即使声称未经道德论证）。

捏造（Fabrication）：谎言；伪造的数据、试验或其他重要信息，包括记录、交易和审计。

伪造（Falsification）：变更或者虚报数据以及其他重大事项。

欺诈（Fraud）：为了获取不公平的收益而从事的故意欺骗行为。

管理会计师（Management Accountants）：综合利用会计专业知识和高级管理技能在组织内部推动企业绩效的战略财务管理人员。他们是组织各个领域的管理者值得信赖的合作者，他们为科学合理的企业决策、规划及支持提供必要的专业知识和专业分析。管理会计师监控、解读并报告经营结果；评估绩效、控制经营以及制定关于组织战略发展方向的决策。他们理解为顾客创造价值的商业规则，从而发展了在整个生命周期内鉴定、开发、营销和评估产品或服务的各种战略。

过失（Negligence）：在具有道德或法律义务应该审慎的事情上没有做到充分审慎。

理性人（Reasonable Person）：通常用于问这样的问题："在相同的情况下，具备相同的知识、决策时的专业人士会得出相同的结论吗？"

责任（Responsibility）：它意味着某个人在获得或维持某个积极结果时是可信赖的。它意味着受托实现或保持这种结果的人必须具备相关知识和技能，并且付出了有意识的努力去实现它，无论这种努力成功与否。

利益相关者（Stakeholder）：能影响一项行为或受其影响的个人或群体。负责任的决策者必须考虑各种决策对所有利益相关者的影响，即使在所有利益相关者并非平等的情况下。

审慎标准（Standard of Care）：适度审慎的人在管理自己的事务中所表现的审慎程度。在有关过失的法律中，如果个人的行为低于这个标准，就要对损害或者赔偿负责。

信任（Trust）：相信一个人或事物具备可靠性、诚实、守信或确定性。

价值观（Values）：群体或个人的行为或决策所基于的信仰。

价值判断（Value Judgment）：要求对什么是正确的或错误的、好的或坏的发表主观意见。符合道德规范的价值观只是价值观的一种类型，道德评估也只是价值观判断的一种类型。

举报者（Whistle-Blower）：报告不当行为或腐败的人，包括对安全、财务欺诈、虐待员工或者其他不当行为的关注。报告可能是向组织内部报告，也可能是向组织外部报告，一般都是匿名或保密的。

参考文献

Adams, R., "Codes of Conduct for CFO's and Others," *Association of Chartered Certified Accountants*, 2006.

Association of Certified Fraud Examiners, "Report to the Nation on Occupational Fraud and Abuse," www.acfe.com/fraud/report.asp, 2006.

Booz Allen Hamilton, "Underperformance, Not Ethics Gets CEOs Fired," SmartPros Ltd., June 2005, http://accounting.smartpros.com/x48322.xml.

Bottorff, D. "Nine Attributes of Good Ethics Policy," *Ethics Quality*, 2006, www.ethicsquality.com.

Bowen, S., "The Business of Truth——A Guide to Ethical Communication," IABC Research Foundation, 2006.

Collins, D., "Five Levees for Improving Ethical Performance," *Strategic Finance*, June 2006.

Collins, J., *Good to Great: Why Some Companies Make the Leap...and Others Don't*, Harper Collins, New York, 2001.

Conference Board, "Universal Conduct: An Ethics and Compliance Benchmarking Survey," Report #1393-06-RR, Extract published by IMA, November 2006.

Datz, T., "Making a Place for Ethics," *CSO Magazine*, November 2005.

Deupree, J., "The Truth can Hurt Even More When It's too Late," *The Corporate Compliance and Regulatory Newsletter*, February 2004.

Ethics Resource Center, "2005 National *Business Ethics Survey* (NBES)," Washington, D.C., 2005.

Fortune, "Top 500 Global Corporations," July 24, 2007.

Gale, S., "Hiring Tellers: Strong Ethics a Must," *Workforce Management*, 2002.

Gebler, D., "Creating an Ethical Culture," *Strategic Finance*, May 2006.

International Organization for Standardization, ISO 9001, 2000.

International Organization for Standardization, ISO 9004, 2006.

Johnson, R.W. "Enlightened Self Interest in Action," Johnson & Johnson credo, 1943.

Koestenbaum, P., P. Keys, and T. Weirich, "Integrating Sarbanes-Oxley, Leadership and Ethics," *The CPA Journal*, April 2005.

Lamberton, B., P. Mihalek, and C. Smith, "The Tone at the Top," *Strategic Finance*, March 2005.

Pittman, E., and F. Navran, "Corporate Ethics and Sarbanes Oxley," *Wall Street Lawyer*, July 2003.

Porter, G., "Ethics Scandals Rock State Governments," *Strategic Finance*, September 2006.

Rummler, G., and A. Brache, *Improving Performance: How to Manage the White Space in the Organization Chart*, Jossey-Bass, 1995.

Shaub, M., F. Collins, O. Holzmann, and S. Lowensohn, "Self Interest vs. Concern for Others," *Strategic Finance*, March 2005.

Shepherd, N., *Governance, Accountability, and Sustainable Development: A New Agenda for the 21st Century*, Thomson Carswell, Toronto, Canada, 2005.

Verschoor, C., "The Value of an Ethical Culture," *Strategic Finance*, November 2006.

Verschoor, C., "Interactions between Compliance and Ethics," *Strategic Finance*, June 2006.

Verschoor, C., "Surveys Show that Ethics Problems Persist," *Strategic Finance*, October 2006.

Wade, K., and A. Wynne, *Control Self Assessment*, Wiley, New York, 1999.

Working Ventures, "Promoting Ethics Related Actions through Training," April 2007.

【王立彦审校】

题　目

职业道德行为准则

鸣　谢

《美国管理会计师协会职业道德行为准则》公告，经道德委员会和美国管理会计师协会管理会计委员会/应用研究基金会批准发布。

Published by
Institute of Management Accountants
10 Paragon Drive
Montvale, NJ 07645
www.imanet.org

The Association of
Accountants and
Financial Professionals
in Business

管理会计和财务管理从业人员的道德行为

管理会计和财务管理从业人员对公众、本行业、所服务的组织及自身，负有保持最高道德行为标准之义务。根据这项义务，美国管理会计师协会发布了下列职业道德行为准则。无论在国内还是在国际，遵守这些准则都是实现《管理会计目标》的有机组成部分。管理会计和财务管理从业人员不应该违反这些准则，也不应该容忍组织中的其他人违反这些准则。

美国管理会计师协会《职业道德行为准则》

管理会计和财务管理从业人员应按道德标准行事。对职业道德行为的承诺，包括遵守那些符合我们价值观的基本原则，以及指导我们行为的具体准则。

原　则

美国管理会计师协会的基本道德原则包括：诚实、正直、客观和责任。从业人员应该遵守这些原则并鼓励组织中的其他人共同遵守。

准　则

如果从业人员未能遵守下列准则，就会受到惩戒。

第一项、胜任能力

每一名从业人员都必须遵守以下责任：

1. 不断拓展知识与提升技能，保持适当水平的专业知识。

2. 遵照相关法律、法规和技术标准履行职责。

3. 提供准确、清晰、简要和及时的决策支持信息及建议。

4. 确认并报告那些可能会对一项活动的合理判断或成功执行造成妨碍的专业局限或其他约束。

第二项、保密

每一名从业人员都必须遵守以下责任：

1. 对获取的信息保密，除非经授权披露或者法律要求披露。

2. 告知所有相关方要正确使用保密信息。监督下属的活动，以确保其遵照执行。

3. 不得利用保密信息获取不道德的或非法的利益。

第三项、正直

每个从业人员都必须遵守以下责任：

1. 缓解现实利益冲突。同商业伙伴定期沟通，以避免明显的利益冲突。告知所有利益相关方可能存在的潜在利益冲突。

2. 不从事任何可能会妨碍遵照道德规范履行职责的行为。

3. 不从事或支持任何有损职业声誉的活动。

第四项、诚信

每个从业人员都必须遵守以下责任：

1. 公允、客观地报告信息。

2. 披露那些人们有理由认为会影响目标使用者对报告、分析或建议的理解的所有相关信息。

3. 遵照组织政策或适用法律披露在信息、及时性、流程或内部控制上的延误或缺陷。

道德冲突的解决之道

在应用道德行为准则公告时，管理会计和财务管理从业人员可能会遇到辨识不道德行为或解决道德冲突的问题。在面对道德问题时，从业人员应该遵循组织关于如何解决此类冲突的既定政策。如果组织的政策无法解决道德冲突，从业人员就应该考虑采取下列行动：

1. 与直接上司讨论所遇到的问题，但直接上司也牵涉其中时除外。如果牵涉到直接上司，就应该呈报更高级别的管理人员。如果未得到满意的答复，应该呈报再高级别的管理人员。如果直接上司是首席执行官或同等职务的人，那么拥有审查、复核权限的机构就是审计委员会、执行委员会、董事会、理事会或股东等。如果未牵涉直接上司，那么只有在通知直接上司之后才能联系更高级别的管理人员。从业人员不宜将道德冲突情况报告给组织之外的权力机构或个人，除非其认为该情况明显触犯了法律。

2. 同美国管理会计师协会的道德顾问进行秘密讨论，明晰相关道德问题，从而更好地理解可以采取什么行动。

3. 向自己的律师咨询与道德冲突相关的法律义务和权利。

美国管理会计师协会道德委员会

CARL V. MENCONI, CMA, CPA, Chair
Fox River Valley

WILLIAM B. ALTENDORF
Mid-South, Memphis Area

BOBBE M. BARNES, CMA, CPA, CGFM
Member at Large

MARGARET L. BEAN, CAPM
Northwest Suburban Chicago

RAMJI GANESAN, CMA, CFM
Raritan Valley

CONSTANCE M. GRIMSLEY
Member at Large

BYRD S. HEATON, CMA
Charlotte

JANE E. KARLI, CMA
Des Moines

ISKANDAR KHAYAT, CFM
Foreign Member at Large

DAVID J. LEONARD, CPA
Pittsburgh

ROLAND L. MADISON, CPA
Cleveland East

NANCY C. MCCLEARY, CPA
San Diego

LEE H. NICHOLAS, CMA, CPA
Waterloo-Cedar Falls

CHARLES F. SHEPPARD
Houston

MANUEL V. SICRE
South Florida

CURTIS C. VERSCHOOR, CMA, CPA
Northwest Suburban Chicago

MITCHELL R. WAGNER, CMA
Louisville

JAMES R. WALKER, Jr.
Springfield

HENRY N. WEBSTER II, CPA
Columbia

DENNIS WHITNEY
IMA Committee Staff Liaison

【王立彦审校】

题 目

管理跨职能团队

鸣 谢

本准则经美国管理会计师协会管理会计实务委员会及其附属委员会管理会计公告发布委员会批准发布。美国管理会计师协会感谢加拿大管理会计师协会（SMAC）的真诚合作，也感谢本公告的起草者 Victor M. Rocine（ChangeMASTERS 注册管理咨询师）。特别感谢加拿大管理会计师协会的《管理会计指南》项目经理 Randolf Holst 在本准则制定中始终如一的监督和指导，以及课题小组成员，包括 MAP 附属委员会成员 Dennis Daly 和 Richard Berk 提供的宝贵意见和建议。

Published by
Institute of Management Accountants
10 Paragon Drive
Montvale, NJ 07645-1760
www.imanet.org

IMA Publication Number 94295

The Association of
Accountants and
Financial Professionals
in Business

管理跨职能团队

目 录

The Association of
Accountants and
Financial Professionals
in Business

一、引言

微型芯片的力量、经济全球化以及消费者期望的革命正在推动着前所未有的变革，迫使人们接受新的竞争规则。为了生存，组织必须创造价值。无论是公共组织，还是私有企业，都面临着如何才能使生产速度更快，产品更加物美价廉、更可靠、市场反应更快、更便捷的挑战。今天的成功并不表明未来也会成功或者还能继续生存下去。

新的竞争规则所带来的挑战要求把全面流程观、新思想和系统化解决方案迅速付诸实施。要想在新的竞争秩序中获得成功，就必须与客户、供应商、员工、工会、股东，甚至传统的竞争者建立合作关系。管理复杂系统成为重中之重，因为组织的任何一个职能、单元或部门都无法单独控制最终产品或服务。传统的组织结构不能迅速作出反应，也不能理解各个流程之间的相互依赖关系，更无法实现预期结果、变化或改进。例如，传统模式经常在没有管理会计的充分参与下制定职能决策。

要为客户及其他利益相关者持续创造价值，就必须跨越职能、项目、组织、技术、甚至行业的界限，必须最有效地利用组织的资源，特别是人力资源。各种类型的团队越来越多地致力于研究、设计更好的产品和服务、把产品和服务推向市场、重组业务流程、改善经营、发现和解决问题，以及创造财富。持续有效地组织、实施和整合跨职能团队的能力正成为卓越组织区别于普通组织的差异化因素。

虽然大多数组织都发现建立跨职能团队是值得的，但是许多组织都没有发挥跨职能团队的最大潜力。还有一些组织则忍受着团队滥用、会议泛滥、无力保持团队积极性、责任和所有权问题之痛苦。这样的体验可能会让人怀疑跨职能团队的有用性。浪费和潜力无法充分发挥，使很多组织大大减少了跨职能团队的使用。

二、适用范围

本指南适用于正在考虑或已经建立跨职能团队的任何规模、任何类型和任何行业的组织。它有助于组织理解：

- 跨职能团队的价值和好处；
- 高效跨职能团队的先决条件；
- 规划、组织、建设、管理和评估跨职能团队的指南和最佳实践；
- 基本群体问题解决工具和实现有效群体进程及决策的必要条件；
- 协调和平衡个人、团队和组织需求的重要性；
- 跨职能团队失败的原因；
- 管理会计师所能发挥的作用。

本指南还有助于跨职能团队本身，包括帮助跨职能团队按特定的、有意义的预期和时间表完成使命。

三、定义跨职能团队

跨职能团队是一个由跨正式部门界限和等级的人组成的小群体。这个群体致力于实现共同的发展目标。跨职能团队是一个整体，其成员之间经常沟通、彼此合作、相互支持、协调活动、利用和开发团队的技术和能力，且这个整体还考虑团队成员的需要。

跨职能团队所基于的假设是：小群体比个体或永久性的大群体能更有效地实现目标。无论从结果的质量上讲，还是从相关变革和改进的实现上讲，利用跨职能团队的结果都应该更好。

跨职能团队多种多样，它涵盖：

- 一系列的主题和问题（例如，客户服务、研发、产品设计、产品上市、经营战略、内部管理实务）；
- 不同的期间和频率（一次性项目完成后解散或者定期召集会议）；
- 不同的复杂程度（例如，互相联系的跨职能团队网络，每个团队从事一项复杂任务的不同方面）；
- 不同的授权（例如，只授权分析问题

并提出建议或者自我管理型团队）。

除了提出行动建议之外，跨职能团队也越来越多地负责实施（例如，复杂的新产品或服务设计，包括设计、工程、市场测试、制造、系统配送，甚至市场和销售）。最重要的是，跨职能团队是绩效单元。

本指南认为，理想的高效团队应具备下列特征：

- 共同的紧迫目标——所有团队成员都要致力于实现共同的愿景并影响其发展。
- 共同领导和角色灵活性——团队成员共同对团队进程、团队发展和团队结果负责。
- 个人责任与共同责任——个人要对个人的贡献负责，而团队则要为团队的集体绩效承担共同责任。
- 协商一致的共同工作方法——团队讨论和决定团队如何发展，以及每个成员如何为团队作出贡献。
- 信任、尊重和开放——团队成员互相尊重、互相关心；团队成员开诚布公地交流；团队成员探索各种创意，鼓励积极的问题解决方法。
- 致力于绩效和实施——团队致力于提高组织绩效，例如，通过提高劳动生产率、质量、客户价值及员工满意度来提高绩效。

- 可考核的绩效目标——通过评估集体工作成果和工作进展考核团队绩效。
- 支持性组织结构、系统和环境——跨职能团队无法独立实现这些指标，也无法在对团队概念"不友好"的组织或者具有传统官僚习气的文化、系统、人事管理流程的组织中生存发展。

附录提供了一份基于上述特征的高效团队考评表，它可用于跨职能团队的整个生命周期。

四、建立跨职能团队的目的

在需要同时应用多种技能、经验和判断的情境中，跨职能团队一般比担任固定工作角色和职责的独立个体所组织的集合体更容易实现较好的结果。成功的跨职能团队可以实现技能、责任和承诺之间的平衡。组织建立跨职能团队的目的多种多样，其中包括：

- 克服等级制度的限制——团队能够促进跨等级、跨部门和跨地区之间的对话，以及对跨等级、跨部门和跨地区流程的理解。团队能够确定并打破阻碍组织经营效果（如为客户创造价值）的障碍和系统约束。跨职能团队还能够通过把所调查的领域或问题的各个相关利益部门的代表召集在一起，从而更容易实现预期的变革。

- 提高决策质量——团队能够提供更全面的组织和流程观。
- 提高组织灵活性——团队能够迅速组建、运行、重新定位和解散。
- 提高组织劳动生产率——因为团队具有明确的目标，所以它们的劳动生产率比没有明确绩效目标的群体更高。团队是一种可以充分发挥组织员工潜力的有效机制。

五、管理会计师的作用

管理会计师在帮助跨职能团队实现目标方面能够发挥重要作用。管理会计师为跨职能团队增添了几项关键能力，即：

- 根据使用者的需要来计量、分析和报告信息的经验和技能；
- 具备组织整体或业务流程的视角；
- 组织信誉和以问题为中心的工作态度。

管理会计师可以承担不同角色，发挥多种作用，为团队过程和团队绩效贡献力量，比如，高管支持、团队领袖、团队协调员、团队成员或者外部资源。管理会计师的主要作用是：

- 提供、搜集和评估关键团队信息；
- 帮助确立团队目标、安排轻重缓急；
- 运用自身在问题解决工具和决策技术

方面的技术性、职能性专家经验和专业知识；

- 参与创造性团队问题解决。

六、跨职能团队实施指南

建设以实现结果为导向的成功的跨职能团队不是靠偶然的机会。它是一个可重复的过程，可以遵循下列基本步骤：

- 高管提倡和支持，包括适当的资源和组织支持；
- 选择并定义正确的项目；
- 选择适当的团队成员；
- 建立团队章程；
- 确保团队的有效启动；
- 把组织目标和团队目标联系起来。

高管提倡和支持

人是组织真正最宝贵的资源。除非高管身体力行，否则团队得到的只不过是一个口头承诺。团队的任何成功只能归功于团队成员对项目价值的认同、自我奉献和自强精神。

高管必须理解在组织中建设成功的团队和发展团队系统能力需要他们作出承诺。高管必须愿意分配必要的资源，包括人力、资金、自主权、培训、过程协调、法律、计算机和信息服务等。高管还必须

给予团队充分的关注，为解决问题和试验解决方案提供足够的时间和空间。

选择和定义正确的项目

选择项目和一个具有实质意义的目标对管理者来说是一项挑战，因为它直接针对关键的经营问题。高管所要考虑的基本问题包括：一项倡议的战略意义是什么？组建跨职能团队是最好的方法吗？团队目标和组织目标之间的联系是什么？高管准备在多大程度上向团队授权和分配资源，以保证其真正成功？高管在实施团队的建议时作出了什么承诺？

下面列示了跨职能团队选择项目时可使用的几个标准。产品、服务或流程越能满足这些标准，就越可能实现重大成就。符合条件的产品、服务或流程应该：

- 要求一个以上的职能部门，或者组织参与，才能实现改进或变革；
- 严重影响顾客的争取、保留或流失；
- 是企业经营宗旨的核心；
- 对其他人的工作至关重要；
- 耗时最多（例如，贷款申请、纳税申报、财务报告）；
- 容易造成失误、复杂性、高成本或不满（例如，发票、实物存货）。

一旦确定了潜在任务和重点，组织就应该根据跨职能团队的下述几项关键成功

因素测试所建议的项目：

- 所建议的项目具有一定的挑战性，但也能实现吗？
- 是迫在眉睫的吗？具有紧迫感吗？
- 成功是明确的、具体的、可计量的吗？
- 具有更广泛的组织意义吗？比如，有助于开发新产品、流程或组织能力。
- 是基于现有的组织准备和变革意愿吗？
- 利用现有资源和授权能实现吗？
- 具有足够的紧迫性、重要性、挑战性和激励性，以使高管愿意接受一些失误吗？（这会为团队灌输一种敢为人先、力求创新、大胆尝试的精神。）

如果项目不能满足这些关键的成功因素，那么组织就应该考虑用较传统的方式来解决问题。

选择适当的团队成员

在选择跨职能团队的成员时，应该提供多样性、平衡和互补性技能。如果团队体现了这些品质，就会更富创造性、更高效。在选择正确的人员组合时，至少要权衡三项因素，即：

- 技术性或职能性专业知识，如教育背景、培训、知识、经验和观念；
- 问题解决能力和决策能力，如发现问题、创造机会、评估备选方案及决定

如何行动的能力；

- 人际关系能力和适应性，如个人风格、性情、沟通、过程支持与干预技能，以及协调能力。

一般而言，跨职能团队的规模会依任务的规模和复杂性而变化。不论在等级制度还是开放式系统组织中，大型项目团队可能都包括多个团队。[1] 高效的团队可能小至 3 个人，也可能大至 20 个人。对于一个真正共同工作的团队而言，在其他因素相同的情况下，5~8 个团队成员一般被认为最优。

人员较多的团队很难进行有意义的互动，在应该采取的具体行动上难以达成一致。相比之下，人员较少的团队（如 10 人或 10 人以下的团队）则更有可能成功地超越个人、职能或等级差别，致力于一个共同的计划，共同为结果负责。如果团队协作的价值遭到了破坏，工作压力增加，人员较多的团队总是会选择去依赖正式的等级制度、组织结构、政策和程序。除了更具挑战的社会和团队运行机制之外，大型团队还面临着物流问题，比如，找到大家都可以接受的会议时间和场所。

---

1 例如，开发一款汽车就可能有多达 30~40 个跨职能团队为其服务；而负责复杂项目的团队往往有许多专业化的较低级别的支持小组。上述的 30 或 40 个团队或其众多的支持小组会由一个整体系统团队或产品管理团队进行组织和协调。

对于大型团队（10人以上的团队），我们建议把任务分解，把团队拆分为几个项目团队。大型团队的工作进展会议可用于协调、简报、重大决策点及其他共同关注的问题。

小型团队（即4人或4人以下的团队）也可能有一些劣势，如获得的信息有限、视角过于狭隘、缺乏创造力以及人员太少，无法在最优时间内完成指定任务。

在理想的情况下，未来的团队成员应该志愿加入团队。如果员工主动要求加入团队，团队的承诺就最有效。如果团队成员在选择分工时有一定的自主性，则团队就很可能化解冲突、变摩擦为动力以及承担必要的风险，并可以保证团队正常运转。

如果团队处理的是影响一线运营的问题，那么来自这些领域的代表就必不可少，无论是蓝领还是白领。在选择过程中，工会协议和人事政策也会带来自身的挑战。但是，经验丰富的一线人员会带来宝贵的见解，他们的参与会扫除变革和改进的障碍。在建立了工会组织的公司中，加入了工会的团队成员既代表着工人的关注，又代表着更广泛的工会的关注。除了工人的创意和见解之外，加入了工会的团队成员还能发展或巩固关系，培养更多的员工承诺。

从逻辑上讲，组织外部的人（特别是供应商、合作伙伴或顾客）也是跨职能团队的潜在来源，这里取决于任务的性质和范围。外部人员的加入可为建立、维持和拓展关系创造了宝贵的机会，为所有相关方带来利益。

成功的跨职能团队一般都要求多种角色分工。最普遍的角色包括：

- 行政支持者——这是项目的赞助人、使用者和支持者。行政支持者是高管和团队之间的桥梁。他们还有助于确保团队获得必要的项目资源，为团队清除任何障碍。行政支持者一般不是团队的成员，但可能参加主要会议或部分会议。
- 团队领袖——这是项目的总经理，负责团队基本的组织、领导和协调。团队领袖的确切职责和风格因团队发展的阶段、团队成员的偏好、团队协商的基本规则、组织文化和团队章程的不同而变化。团队领袖的一个主要职责是创造一个鼓励参与的环境并营造共同领导的氛围。团队领袖在建立和维持团队成员之间的感情纽带方面发挥着重要作用。
- 团队协调人——团队协调人使团队保持按既定的方向前进，从而确保有效的团队进程及动态。协调人通常扮演的是团队领袖和指导者的角色——包括在会前准备阶段和会后阶段听取团

队领袖的汇报。在团队会议上，协调员只是观察，只有在团队偏离了问题解决和决策过程的时候才予以干预。协调员可以为缺乏问题解决能力、沟通能力、人际交往能力和团队协作能力的团队补充这些方面的技能。协调员帮助团队把集体注意力拉回到团队目标上。

- 团队记录员——团队记录员是团队的秘书，负责记录会议纪要、会议笔记和团队决策。会议纪要将在休会后传阅，以提醒团队成员自己的指定任务。记录员还可能负责团队的项目档案。
- 团队成员——团队成员按要求参加团队会议，接受团队领袖或整个团队分配的任务和责任。

被选入团队的成员将会提出建议，包括团队任务的重要性，以及组织的承诺和严肃性。如果团队中既包含行动型、贡献型和成就型的人，又包含适于完成任务的人，那么公司显然就向团队及组织的其他部门传达了公司非常重视团队的讯息。

鉴于服务团队的时间不列入公司提拔和晋升的决定因素，团队成员的任期就成了一个问题。组织期望个人服务于项目的整个生命周期。对于持续多年的项目，在大多数北美公司中，这种期望都有悖于每两年或三年就晋升或调任的商业准则。但是，另一种选择就是公司必须面对因团队

成员的流动而导致团队绩效下降的后果。

建立团队章程

在跨职能团队中，人们期望团队成员代表整个组织、而不是某个职能或部门的人来运用其观点、技能、知识和经验。每个团队成员对团队使命必须有明确的共识，这对于打破部门壁垒至关重要。

管理层通常会主动提出并与团队协商建立团队章程，以达成上述共识。团队章程界定了团队的职责范围。它代表着团队与高管之间的一种书面协议。因此，它应该经双方同意。一般而言，团队章程包括：

- 项目描述及项目核心（应避免多个问题，因为它们可能导致冲突和模糊）；
- 为什么选择该项目；
- 为什么选择这些团队成员；
- 管理层期望的结果；
- 可能影响项目的约束、参数或相关问题，包括赋予团队的决策权；
- 对团队承诺的期望，比如，要求一般团队成员承诺的时间；
- 管理层将提供的支持和资源；
- 探索产品和流程各个方面的许可；
- 高管认为必要的任何限制；
- 管理层承诺考察并尽可能实施团队建议。

团队章程所应强调的最重要的问题是

结果。如果章程为团队规定了明确的、有价值的、紧迫的目标，那么团队成功的可能性就更大。目标的每个特征，即明确、有价值、紧迫，都很重要，并且截然不同。

管理层期望的结果必须明确，即独立的、可计量的、具有时间限制。"提高士气"、"提高劳动生产率"或者"提高工作生活质量"都是含糊不清的、泛泛的目标。它们乍看起来给人印象深刻，但是团队却难以据此标准来评估团队工作进展。"我们将在 90 天内把本生产线的有效产出提高15%"或者"我们要在 3 月 1 日之前把必须从客户那里召回的产品数量降低10%"都是更有意义的、具体的目标。支持团队及为团队服务的人都能看出这些目标是否实现了（当然，这要假设公司建立了反馈系统，能提供必要的数据）。但是，虽然明确定义目标很重要，但是它们也不应该太狭隘，以至于没有为创造性思维或者企业家精神留下空间。

管理层期望的结果必须有价值，值得人们付出努力去实现它们。高管可以称赞目标，也可以在公司最新一期的报刊上大肆地宣扬它们，但是真正重要的是团队成员认为目标有价值，需要他们持续不断的努力。

如果团队成员和高管认为目标不紧迫，那么即使管理层期望的结果既明确、又有价值，也会失败。如果目标必须在限定的时间框架内完成，那么目标就是紧迫的。

大多数组织都有各种各样的目标。作为平衡和协调多种子目标的综合工具，为了实现团队所能提供的好处，组织必须把战略目标的轻重缓急传达给团队，并赋予团队解决冲突、管理目标实现进程的自治权。

为了实现这个目的，团队的首要任务就应该是全面审查、讨论、推敲和采纳团队章程，包括进行必要的修订。对于大型项目，这项任务可能需要召开多次会议，在前期专门进行诊断，必要时可能还需增加更多的团队成员和资源。组织应该鼓励团队为团队及其项目命名。这个过程可以使团队认识到自身的重要，增强团队归属感，同时还可表示项目从高管移交给了团队。

组织赋予团队的权力必须与所指定的任务相称。权力可以授予团队，也可以授予团队领袖。即使高管只是让团队进行事实调查并提出建议，也必须明确描述团队的决策权力。一个团队项目的成功，乃至团队概念在组织中的长期发展潜力，都有赖于明确界定的权力。

确保团队的有效启动

如果团队章程为团队埋下了成功的种

子，那么决定种子能否生根发芽的，就是团队的启动。在有效启动团队的过程中，特别重要的因素包括：（1）建立人际关系；（2）行为准则；（3）审查团队章程；（4）团队使命和愿景表述；（5）项目计划；（6）项目档案；（7）培训；（8）完善的会议管理；（9）有效的沟通。

建立人际关系

组织经常在项目初期犯一个严重错误，那就是在建设具有凝聚力的团队上花费的时间不足。往往在团队成员还没有机会建立起信任和合作的舒适氛围时，就过快地采用任务导向型方法。如果在项目初期没有建立信任，人们就有理由认为团队会不太愿意进行非正式交流，而这正是精诚合作的关键。在项目发展初期，团队社会化和团队建设必须为未来的项目成功奠定基础。

行为准则

任何群体都会建立行为准则。有效的团队在初期就会予以明确。行为准则涉及：

- 会议出席——什么时候召开会议？多长时间召开一次会议？
- 会议规程——会议如何召开？（例如，准时召开、不允许干扰）
- 团队规程——团队成员如何互动？（例如，每个人都应该有所贡献）
- 团队行为——什么样的行为是可接受

的？（例如，对任何事情都作出评论，不隐藏自己的怀疑）

- 分析方向和方法——我们如何完成任务？（团队应该在开始时把讨论限定在"价值观"层面。第一次会议决定分析方法还为时过早）
- 问责制——谁在什么时候负责什么？团队成员必须具有共同的责任感。所有团队成员都必须有为团队结果负责的责任感。因此，团队成员必须清楚自己所要独立及共同承担的责任。
- 道德规范——团队如何处理保密等道德问题？
- 冲突（建设性对抗）——团队成员如何处理观点上的差异？
- 决策程序——如何进行决策？（例如，"共识意味着什么？"）

审查团队章程

团队的首要任务是审查和讨论高管最初提供的团队章程"草案"。如果管理层正确地播下了种子，那么所有基本要素就都具备了。审查章程、熟悉其含义、对指定任务达成共识、探究模糊和矛盾之处，以及了解章程中所隐含的时间和工作承诺都很重要。

开始时最重要的是做对事情。第一次会议将为团队奠定基础，为今后的工作定下调子、确立风格。审查章程为迅速发展团队凝聚力和相互理解提供了一种建设性的方式。如果管理层提供的章程不完善，或者根本没有提供章程，那么团队就应该完善它。

团队应该与高管共享修订后的章程，并征得其同意。对于任何变更，双方都必须签字批准。一旦团队和高管认可了章程，就表示双方就承办项目和支持项目达成了一致，并作出了承诺。

团队使命和愿景表述

审查公司章程之后，就要建立团队的使命表述，即关于团队的存在理由的明确简要表述。使命表述是团队用自己的语言对其目的所作的解释。它应该帮助团队持续聚焦于它所承担的任务及所期望的结果。团队使命应该是组织经营宗旨的明显补充，并且要与其保持一致。

团队还应该建立团队愿景和一系列项目目标。愿景表述和项目目标回答了下列基本问题：我们希望成为什么？我们代表的是什么？我们希望实现的是什么？我们如何衡量自己的成功？团队不应该过早地建立团队正式愿景。团队愿景属于团队，而不是高管。它代表着对指定挑战真正做到"团队共同担当"。

团队使命表述和团队愿景的作用体现在三个方面：（1）它们帮助群体发展为团队；（2）它们为同高管进一步明晰或重新定义团队目标奠定了基础；（3）它们是团队活动中持续管理和控制的基础。

项目计划

团队应该制订自己的项目计划，它为团队任务的规划、资源配置和控制提供了一个严格的框架。它的目的是帮助团队完成自己的使命。项目计划回答了下列基本问题：我们如何完成我们的使命？我们如何实现我们的目标和愿景？同使命表述一样，项目计划也是提供持续管理、评估工作进展和控制团队活动的工具。项目计划包括主要假设、关键事件或者影响团队成功的信息。项目计划还明确了资源要求、里程碑（事件或反映工作进展的指标）、相互联系的任务，以及定期审查工作进展的方法。项目计划是完善的团队项目管理的基础。

项目档案

高效团队通常都整理并保存完整的项目档案。项目档案可以使团队的管理有组织、有条理，帮助团队向高管汇报，并且为其他团队、工作组或个人提供公司资源。小型项目可能只需要几页纸的记录；大型项目则需要几个卷宗。项目档案通常包括下列项目文件：

- 团队章程；
- 团队使命表述；

- 项目计划；
- 项目时间表；
- 数据搜集文件；
- 会议纪要或记录；
- 信函；
- 团队作品；
- 工作底稿。

培　训

团队成员可能需要培训人际交往能力，并从中受益。人际交往能力包括（但不仅限于）：

倾听技巧——倾听是一个关键的，但又往往被忽略的沟通方式。倾听技巧（比如，对观点释义、映射隐含的意思和感受、对非语言行为敏感）能为隐含的信息提供线索。

自我表现技巧——找到一种表达自我的方式是人际交往能力的另一个要素。人们经常会有一些想法或感受没有表达出来，要么是因为害怕别人的反应，要么是由于群体机制。自我表现是指明确表述观点和想法，没有不必要的术语，也不旨在"赢"任何人。

冲突管理——冲突并非总是团队绩效的绊脚石。它可以激发完成任务所需的创造力。跨职能团队的价值就体现在团队成员为团队的集体努力所做的不同贡献

上。但也正是这些差异，为冲突提供了一个平台。成功的团队能够有效地调和分歧。冲突解决需要一个合作的氛围，需要倾听技巧和自我表现技巧的相互结合。

支持和质询——有效的沟通，特别是在群体中，要求支持和质询之间的平衡。支持涉及告诉和劝说他人。缺乏支持就会表现出不直言（不发表很多意见）或不参与（袖手旁观）的行为。积极的质询包括提问、探究别人的观点，以及说明推理过程。在不太积极的质询中，则一般包括诱导性的提问和不直接表述。

完善的会议管理

会议可能是最浪费时间的活动，也可能是最有效的改进工具。因为会议是团队的主要媒介，所以团队绩效高度依赖于高效的会议。

会议召开的频度取决于许多因素，如项目阶段、时间期限、团队成员的其他承诺等。团队很容易受到会议过多或不足的困扰。会议不应该为了聚集而召开，召开会议就应该充分利用大家聚集在一起这一宝贵机会。如果会议过少，团队和项目就会失去动力和方向。如果会议过多，团队士气和劳动生产率又会受到影响。

下面所列出的对照表为完善的会议管理提供了一些建议。

- 会议召开前
    - √ 确定会议目标。
    - √ 决定团队成员之外的人是否应该到会。
    - √ 决定会议召开地点和时间。
    - √ 提前下发会议议程或会议目标。
    - √ 安排会议设备。
    - √ 提前到达安排会议室并迎接团队成员。

- 会议开始时
    - √ 准时开会。
    - √ 重申会议目标。
    - √ 回顾自上次会议以来的行动事项。

- 会议期间
    - √ 分阶段组织会议内容和讨论（例如，提议、证据、讨论、结论、行动）。
    - √ 使团队注意力始终集中在会议目标上。
    - √ 协调全体团队成员的讨论和参与。
    - √ 总结主要结论和所有决定。
    - √ 用活动挂图作为团队的集体记录本。

- 会议结束时
    - √ 确定并回顾行动列表，明确责任和时间期限。
    - √ 确定下一次会议的时间、地点和目标。
    - √ 在愉快的氛围中准时结束会议。

- 会议召开之后
    - √ 整理和分发会议纪要或会议记录。
    - √ 追踪各项行动事项。
    - √ 在下一次会议召开之前检查团队成员的进展和问题。
    - √ 认真筹备下一次会议。

在某些组织里，为了使大家在会议中作出更多努力所采用的一种方法，就是在每次会议前汇总和公布每位成员的小时人工成本。会议成员的总小时人工成本也构成了将团队成员召集在一起所需花费的直接成本。

有效的沟通

有效的沟通对于团队至关重要，无论对于团队内部，还是对于组织的其他部门。缺乏有效沟通是团队协作和创新活动的一大障碍。团队领袖和高管发挥着显著作用，但是所有团队成员也都有责任。

例如，缺乏有效沟通的结果是不能有效整合横向过程（团队）与纵向过程（职能活动）。彼此之间不能相互替代。职能经理必须实时掌握情况。如果反馈环没有发挥作用，就会产生重大故障。团队成员应该让职能经理随时了解团队相关进展，特别是影响职能部门的问题。如果把团队的工作公布于组织的其他部门（通过内部通讯、人事会议、信函等），就能使组织的其他人为团队建言献策。它还为团队提供了

定期"现实检查",促进团队目标与组织目标的一致性,使群体盲思的风险最小化。

保证有效沟通是贯穿整个项目、影响所有职能领域的一个持续过程。高管应该鼓励把团队成功经验宣传给组织其他部门。这种宣传不仅是对团队贡献的一种认可,而且会创造一种人人支持的、积极的团队环境。

七、任务导向型工具和群体进程技术

高效团队必须发展群体能力。群体能力可以分为两类:(1)任务导向型工具,比如,群体数据搜集、分析和问题解决;(2)群体进程技术,比如,群体决策、团队建设和团队完善。

图表 1 任务导向型工具和群体进程技术

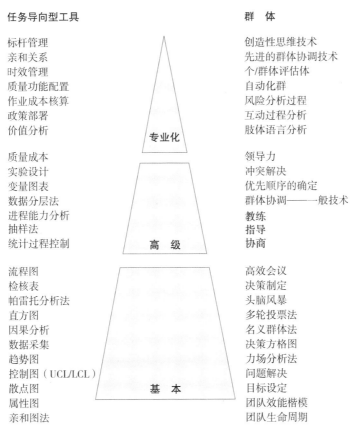

任务导向型工具	群 体
标杆管理	创造性思维技术
亲和关系	先进的群体协调技术
时效管理	个/群体评估体
质量功能配置	自动化群
作业成本核算	风险分析过程
政策部署	互动过程分析
价值分析	肢体语言分析
专业化	
质量成本	领导力
实验设计	冲突解决
变量图表	优先顺序的确定
数据分层法	群体协调——一般技术
进程能力分析	**教练**
抽样法	**指导**
统计过程控制	**协商**
高级	
流程图	高效会议
检核表	决策制定
帕雷托分析法	头脑风暴
直方图	多轮投票法
因果分析	名义群体法
数据采集	决策方格图
趋势图	力场分析法
控制图(UCL/LCL)	问题解决
散点图	目标设定
属性图	团队效能楷模
亲和图法	团队生命周期
基 本	

资料来源:Change MASTER©.经许可翻印。

任务导向型工具主要关注团队任务的技术。群体进程技术主要关注人的方面，能使群体像团队一样协调运转。

进行任务导向型工具和进程导向型工具方面的培训有助于团队发挥最大潜力。对于组织而言，群体能力的培训和发展能够在跨职能团队内部和跨职能团队之间建立一定程度的统一性。最有效的培训是在共同执行团队项目的过程中在团队会议上进行的培训。这种"即时制"培训方法适用于团队准备好采用特定技术和工具的时候。它比大规模培训更实用，也更易于实现可计量的结果。它保证了培训投入的回报。除非培训立即付诸实践，否则实际上很难对其进行保留和运用。这种培训方法也可以随着团队和项目的发展而发展。图表1列示了一些基本的、更先进的和专业化的任务导向型工具和群体进程技术。

任务导向型工具

下面初步介绍了一些可用于提高团队绩效的基本任务导向型工具：

- 检核表
- 因果分析图
- 帕雷托图
- 趋势图
- 控制图
- 散点图

如果希望了解更多解决问题的工具和相应的解释，请参见 Scholtes, 1988。

数据采集表（检核表）

跨职能团队经常遇到的一个障碍就是缺乏数据。实际上，缺乏数据是问题长久得不到解决的主要原因。几乎在团队进程的任何一个阶段都需要数据，这些阶段包括选择和定义问题、测试有关原因的假设或者检验所建议的解决方案的效果。数据采集不必花费太多的资金，也不必太复杂精细。例如，一张设计好的能记录并标记的简单表格（即检核表）就完全能满足要求。

因果分析图（或称"鱼骨图"）[2]

因果分析图（cause and effect charts）可以帮助团队绘制出他们认为影响一个问题或预期结果的一系列因素。它是研究进程和情境、决定数据采集方法、确定根本原因以及规划的有效工具。它还能帮助一个多元化团队更好地了解任务全貌。

帕雷托图

帕雷托图（Pareto charts）验证并显示

---

2 因果分析图，也称为"石川图"，是因其发明者——日本质量管理大师石川馨教授而得名的，这种技术是鼓励员工参与并聚焦于业务流程改进的一种有效手段。

了 80/20 法则，即在任何时候，当某些因素导致了一个整体结果，那么，其中的小部分因素决定了这个结果的大部分。帕雷托图在整个项目期间都十分有用：在项目初期，用于确定应该研究哪个问题；在项目后期，用于缩小范围，确定应首先关注问题的哪些成因。因为帕雷托图把每个人的注意力都集中在回报最高的重要因素上，这样他们可用于集中团队力量，建立团队共识。

趋势图（或称时距图）

趋势图（Run Charts）可以帮助团队考察数据的趋势或者其他可能随时间发生变化的模式。时距图（time plot）就是按时间顺序描出数据点，然后用一条线把各个点连接起来。时间间隔可以是小时、日、周、月、年——与研究对象相关的任何时间间隔。

控制图

团队可以利用控制图（control charts）监控过程并显示其相对稳定性，从而帮助确定具体成因，评估流程控制和改进的结果。它们类似于频数图（frequency charts），但是它们还表明了系统内在的变化范围，其界限是根据从过程中采集的数据用上限和下限统计公式标示的。[3] 控制图有助于区分过程内在的变化（因"一般成因"而导致的变化）与不可预测的来源所产生的变化（"特殊成因"）。

散点图

散点图（scatter diagram）直观地描绘了两个变量之间的关系，比如，两个过程特征。

点状图（dot plot）只能使团队一次看一个过程特征，而散点图则可以使团队观察两个特征之间的关系。

群体进程技术

群体效能研究表明，群体的成功受两个群体过程因素的严重影响，即创意的生成和决策的质量。对于关键决策，团队共识既是最有效的决策形式，也是最难的决策形式。

团队共识未必是全体一致同意，未必是每个人都百分百满意，也未必是多数人表决。团队共识就是找到一个所有团队成员都支持的可接受的建议。也就是说，没有人反对它。如果要达成共识，就必须探求所有相关方的利益和需要，直到产生一

---

3 控制界限不同于规格界限，也同预算、目标或目的无关。控制界限并不反映过程如何进行或者管理者希望它实现什么。它们只是表示过程能够做什么。

个考虑了所有相关方立场的、统一的创造性团队解决方案。

达成共识需要时间、所有成员的积极参与、沟通技巧（倾听、冲突解决和讨论协调）、开放的思想和创造性的思维。达成共识的主要优势在于，群体对决策的共同承诺会提高行动的可能性。

最优解决方案考虑所有相关方、组织及问题和解决方案本身的需要。并非所有的决策都需要每个人的支持。主要问题应该努力达成共识，比如，团队使命、基本目标和重要里程碑（即工作进展点、成就、交付的成果）。

许多分歧实际上都是措辞上的，而非实质性的。群体就措辞的含义取得了一致就在很大程度上有助于达成共识。团队可以采用的能帮助达成共识的系统化群体过程技术包括：

- 头脑风暴；
- 多轮投票；
- 名义群体技术；
- 决策方格。

还有一些不太系统化，不太严格的方法也同样有效。我们也鼓励团队积极尝试，找到自己的风格。[4]

---

4 关于其他群体过程技术和概念，参见 Scholtes, 1988。

头脑风暴

头脑风暴（brainstorming）是帮助团队迅速产生创意的方法。头脑风暴可用于团队问题解决的各个阶段，比如，决定可能的成因，制订解决方案，或者其他目的。成功的头脑风暴使人尽可能地发挥创造力，不以任何方式限制其思想。这种自由式方法不仅能激发群体的活力，平等参与，而且会产生出有关问题的原始解决方案。

在头脑风暴会议中，一般遵循的活动顺序是：

- 审查主题，定义头脑风暴的对象。最好的方式是问一个"为什么"、"如何做"或者"做什么"的问题。例如，通知和培训三班工作制的全体主管和小时工的可能方法有哪些？我们如何才能获得按时完成这些表格定期需要的所有信息？
- 给每个人一两分钟的时间思考问题。
- 让每个人发表自己的想法。会议协调员应该严格执行基本规则（"不准讨论！下一个点子……"）。
- 应该有一个团队成员负责在活动挂图上记录下所有的创意，只有检查准确性时才能暂停。

多轮投票

多轮投票（multivoting）是通过简单

讨论从列表中选择最重要或者最受欢迎的事项。多轮投票的目的是通过一系列投票而实现的，每次投票都把列表削减一半。即使列表包含30~50个事项，也能经过四五轮的投票削减到可执行的数量。多轮投票经常是在头脑风暴会议之后进行，目的是为了确定几项值得立即关注的事项。

在多轮投票中，一般遵循的活动顺序是：

- 从事项列表开始，为每个事项编号。
- 合并相似事项，但必须经群体同意。如有必要，为所有事项重新编号。
- 允许每个团队成员同时投多个事项的票（至少为事项总数的1/3）。
- 让团队成员把自己偏好的编号（事项）默默地记录在单独的纸上。
- 让会议协调员搜集选票，记录并整理结果。
- 删掉投票最少的事项，削减列表。每个事项应该获得多少投票没有固定的规则。它一般对团队来说都是不言自明的。
- 重复上述程序，直到剩下的事项达到了期望的数量。

名义群体技术

名义群体技术（nominal group technique）也是一种生成一系列选项，然后删减的方法，但它比头脑风暴或多轮投票更系统化。

它之所以称为"名义"，是因为在团队会议期间，团队的互动不像真正的团队那样多。由于其互动水平相对较低，所以在全部或部分群体成员彼此陌生的情况下，名义群体技术是一个有效的工具。名义群体技术也适用于极富争议的问题，以及团队发生分歧、僵持不下时的情况。

名义群体技术由两部分组成，即正式化的头脑风暴和根据偏好进行选择。

- 正式化的头脑风暴：
  √ 把任务定义为一个问题。
  √ 把它写下来并展示给全体成员；进行讨论和阐释，直到每个人都理解为止。
  √ 团队成员将生成的创意默默地写在纸上。
  √ 在全体会议上，把头脑风暴生成的创意编成列表。
  √ 按要求阐释和讨论创意。
  √ 整理列表（这就成为名义群体技术第二部分的候选事项清单）。

- 根据偏好进行选择：
  √ 如果事项数量很大（比如说超过了50个事项），那么就采用多轮投票削减列表。
  √ 每个团队成员都拿到一份候选事项清单，进行加权投票。例如，假设有20个事项，每个团队成员允许

选择三项，第一选择标 3 分，第二选择标 2 分，第三选择标 1 分。

√ 在全体会议上计算票数。票数最多的事项就是群体的第一选择，得分第二高的事项就是第二选择，以此类推。

决策方格图

决策方格图（decision grid）是帮助团队成员达成共识的另一个系统化的群体技术。它把每个备选方案与另一个结对，藉此把备选方案的范围缩小到可执行的数量。团队成员为每对备选方案中所偏好的方案投票。在考虑了各对备选方案之后，记下票数。获得票数最少的备选方案就被删除。人们利用方格图辅助这个决策过程。

八、跨职能团队的运行机制

团队绩效的障碍

团队建设不会一蹴而就。团队会不断演变，逐渐发展自己的运行机制。在团队中，有多种力量发挥作用，如果管理不当，就会给团队绩效造成重大障碍，阻碍团队发展的各个阶段。例如：

- 观点差异；
- 职责冲突；
- 权力争斗；
- 群体盲思；

- 缺乏承诺。

观点差异

跨职能团队的目的是为实现特定目标而充分利用不同的技术和才能。因为团队成员来自不同的部门，甚至不同的组织，所以团队成员很可能从自己的观点看待世界。如果项目技术性很强，团队成员都有自己的规范和术语，那么对他人的观点产生刻板印象甚至贬低的倾向就会增强。如果组织的各单元之间存在由来已久的冲突，那么来自这些单元的代表就会把自己的偏见带入团队，从而会颠覆任何创造共同目标的努力。这些因素往往在团队真正开始运作时才会显现出来。冲突解决、支持和质询、团队建设，以及团队效能楷模都是构建共同的团队愿景、尊重他人的贡献的可能方法。

职责冲突

项目型或矩阵型组织不仅是"模糊"的产物，而且是"模糊"的制造者。团队成员担任着多重职责，经常要向不同领导汇报，从而可能在效忠问题上产生冲突。他们经常不知道应该执行谁的命令。团队成员所代表的群体或部门有一系列的期望，包括对参与团队所带来的利益的期望。一旦开始执行任务，团队就会发展自己的道路，其行为准则、价值观和期望可能有别于所代表的部门。例如，部门可能是按机械的、等级制方式管理，而项目团队则可能更民主、参与性更强。由于项目会议的要求与传统工作职责相互竞争，团队成员可能还会经历时间上的冲突。这些冲突力量的牵扯可能令人愉快，也可能是为团队成员制造紧张的源泉。组织必须敏锐觉察到这些可能造成团队成员不团结的冲突。

权力争斗

虽然职责冲突通常是横向发生的（即跨经营单元的），但也可能是纵向发生的，因为不同权力级别都在团队中有代表。在其他部门担任较高职务的人会尽力在群体中重建自己的影响力。这种强加观点于人或者发号施令的做法会遭到抵制，尤其会遭到职位相当的人物的抵制。人们为了赢得权力斗争的胜利，就会暗地里破坏可能很有效的创意，而不是追求团队的最大利益。此外，职位较低的人还可能受到忽视，从而浪费了潜在的宝贵资源。虽然在多元化的群体中一定的权力争斗是不可避免的，但是应该尽量予以控制，把可能的破坏性后果最小化。

群体盲思

群体盲思（groupthink）是指凝聚力很强的团队，尤其是特殊项目团队，有形成漠视他人观点和精英主义的倾向。为了保持凝聚力，群体形成了责无旁贷和全体一致的共同幻觉。人们不愿意考察不同的观点，因为它们被视为群体存在的威胁。因此，群体成员可能会审查和删改他人的意见，这种做法也会危及其决策的内在质量和道德。让团队了解群体盲思现象有助于避免这个陷阱。

群体盲思也可能由于顽固的组织价值观而广泛存在，这就进一步显示出团队领袖和行政支持者必须提倡并创造激发创造性思维的环境。

缺乏承诺

团队领袖应该在项目初期解决团队成员缺乏承诺的问题，争取立即转变消极观念。不安全感经常是缺乏承诺的一个主要原因。团队领袖应该尽量确定存在不安全感的原因，努力减少团队成员的恐惧感。

团队的发展阶段

团队在真正创造效益之前会经历几个发展阶段。有些团队会在某个阶段停滞不前。最普遍的团队发展模式包括四个阶段：

- 组建期——最初人们关注其他人是什么样的，群体将做什么，以及要求和期望他们做什么。
- 动荡期——人员到位后，由于不熟悉彼此的行为方式，会影响劳动生产率和承诺。获得认可和影响他人的需要也会引发冲突。

- 规范期——由于存在冲突，人们探索出了彼此交往和实现群体目标的更好的方法，建立了共同接受的工作方式和行为准则。
- 执行期——由于消除了人际关系的紧张，释放出了能量，并且找到了互相帮助的方式，人们把精力集中在手头的工作上。

团队领袖和协调员的职责是帮助团队成员尽快通过组建期和动荡期，以便他们尽快投入工作之中。

如果让团队成员了解了团队发展所要经历的各个阶段，就能缓解团队成员对工作进展的关注。图表2总结了团队发展各个阶段团队成员的感受和关注类型、建议的团队学习活动及团队领袖的领导风格和行为。

在执行期过后，还有两个发展阶段，即遵从期和转型期。在执行期，团队可能运行良好，创造了卓越的绩效，但这不是可持续的，除非团队能顺利发展到转型期。在遵从期，团队绩效滞后，遵从期发生于：

- 团队愿景对团队成员的激励不太大，团队成员缺乏目标感；
- 信任、相互尊重和公开交流减少；
- 尽管发生了变化，但团队仍无法冲破现行的参考框架。

转型期是团队的另一个发展阶段。它是学习和绩效的更高一级水平，具有下列特点：

- 重新建立目标感；
- 新目标建立，群体过程技能提高；
- 全体团队成员共同领导；
- 群体更加理解和尊重个体差异；
- 团队协作是实现高绩效的最好方法；
- 团队持续学习，蓬勃发展。

九、个人和组织意义

团队既反映、又影响它们所属的组织。组织结构、制度和文化模式塑造了团队并影响其效能。因团队合作中的矛盾而造成的紧张，解释了团队理想绩效和实际绩效之间的大部分差异。

- 在个体调整为团队成员、既保持个性又融入团队、既保持职能部门身份又保持团队身份、既保持独立又相互依赖之时，这些矛盾存在于个体之中。
- 在团队成员设法实现相互矛盾的团队任务要求（包括整合不同职能、技能和观点的挑战）之时，这些矛盾存在于团队之中。
- 在公司从传统的官僚制度转型为新的工作形式（如跨职能团队）之时，这些矛盾存在于组织之中。

图表 2 团队的发展阶段

	第 1 阶段——组建期 团队组建与教育	第 2 阶段——动荡期 不满与冲突
阶段特征	劳动生产率低 士气中等水平	劳动生产率中低水平 士气低落
团队发展阶段的一般特征	人们关注其他人是什么样的、群体将做什么、自己的角色，以及要求和期望他们做什么。人们将自己视为个体。他们开始了解群体的指定任务。此时的群体不是团队，而是为了共同目的而聚集在一起的个体的集合。	人们确定了自己不同的行为方式之后，因缺乏对彼此不同的行为方式的了解和经验，劳动生产率和承诺受到了影响。获得认可和影响他人的需要会引发冲突。团队成员在团队工作方法上存在分歧，抵制合作。
团队成员的感受	• 期望高、充满适度的渴望 • 对团队成员略带试探性和羞怯感 • 对未来的任务既焦急期待又充满疑虑 • 测试情境和中心人物 • 依赖权威和等级制度 • 需要个人定位和找到个人归属感	• 拒绝尝试不同的方法 • 紧张、不和 • 自我保护和竞争 • 感觉不胜任、困惑 • 经历依赖和反依赖的极端对立 • 经历希望和现实之间的差距 • 不满对权威的依赖
团队关注的问题	• 群体的目的是什么？ • 我们采用什么方法和程序？ • 哪些是可接受的行为？ • 群体有合适的成员吗？ • 期望我们做什么？ • 如何评判我们？	• 我们如何围绕目的和方法解决冲突？ • 我们如何处理群体问题？ • 我们如何决策？ • 如何确定领导权？

帮助团队发展的学习活动	• 讨论任务的商业背景
	• 审查团队章程
	• 写下团队使命表述
	• 建立行为规范
	• 介绍：
	  √ 发展阶段
	  √ 高效团队的特征
	• 安排社交时间
	• 鼓励对问题的公开讨论
	• 采用团队评估调查问卷
		• 制定项目规划
		• 可以介绍以下几方面：
		  √ 高效团队成员的特点
		  √ 如何对待差异
		  √ 任务和人际关系技能
		  √ 如何有效倾听
		  √ 领导力和授权
		  √ 如何处理冲突
		  √ 如何提供与接受反馈

图表 2　团队的发展阶段

	第 3 阶段——规范期 解决问题与发展团队	第 4 阶段——执行期 协同与生产
阶段特征	劳动生产率较高 士气不断提高	劳动生产率很高 士气高涨
团队发展阶段的一般特征	由于冲突，人们有了相互交往和实现群体目标的更好方法。人们建立了共同接受的工作方式、角色和行为准则。团队成员尊重彼此的个性。工作得以积极、高效地完成。	由于冲突，人们有了相互交往和实现群体目标的更好方法。人们建立了共同接受的工作方式和行为准则。团队现在是一个高效、凝聚力强的集体，工作效率高。
团队成员的感受	• 不满逐渐减少 • 解决期望与现实之间的差异 • 解决极端对立和敌视 • 个人成就感 • 和谐、信任和尊重 • 团队归属感 • 自由表达想法和建设性批评 • 互相尊重	• 热衷于参与团队活动 • 彼此合作、相互依赖 • 建立起高度的信任和友谊 • 高度的创造性 • 感受到团队力量和信心 • 共同领导 • 为团队成就感到自豪 • 绩效水平高
团队关注的问题	• 我们能够完成使命吗？ • 我们的工作进展令人满意吗？ • 我们如何提高团队效能呢？	• 高管如何对待我们的建议呢？ • 任务完成后团队会怎么样呢？ • 我们如何才能继续共同提高绩效呢？
帮助团队发展的学习活动	• 可以介绍以下内容： 　√ 行为准则和群体盲思 　√ 开放精神和自我表现 　√ 共识决策 　√ 群体协调 　√ 协作 • 利用群体问题解决和决策工具 • 利用群体创造力技术	• 引进更高级的群体过程和问题解决技术 • 可以介绍以下内容： 　√ 克服高效团队工作中的障碍 　√ 管理变革 　√ 个人发展方法 　√ 建立愿景 　√ 创造性思维 　√ 团队领袖的新角色：培训者、教练和指导员

图表 2　团队的发展阶段

	第 1 阶段——组建期 团队组建与教育	第 2 阶段——动荡期 不满与冲突
阶段特征	劳动生产率低 士气中等水平	劳动生产率中低水平 士气低落
领导风格及行为	高指导 / 低支持 • 制定现实可行的目标 • 明确任务和关系 • 制定标准和限制 • 制定决策、指明方向 • 教授和展示技能 • 提供关于绩效和群体演进的反馈 • 提供中低等程度的支持	高指导 / 高支持 **支持** • 协调群体决策 • 主动倾听 • 尊重并理解差异 • 承认困难 • 直面挑战 • 建立支持关系 • 管理冲突 • 表彰有益的行为 **指导** • 重新定义目标和期望 • 建立愿景 • 重新定义职责 • 继续发展能力（技术性、人际关系和群体能力） • 赋予行为意义 • 协调相互依赖性

	第 3 阶段——规范期 解决问题与发展团队	第 4 阶段——执行期 协同与生产
阶段特征	劳动生产率较高 士气不断提高	劳动生产率很高 士气高涨
领导风格及行为	低指导 / 高支持 • 协调群体活动 • 群体参与制定目标和标准 • 群体参与决策 • 鼓励和表彰绩效	低指导 / 低支持 • 信息共享 • 与组织建立联系 • 管理团队目标制定 • 协调团队绩效考核过程

个人意义

每个员工都希望从事能带来成就感和满足感的工作。成就感是指工作和表现优秀。满足感来自于有价值感和真实感的工作。个体追求对优秀和品质的认可，但又不希望约束其主动性和创造力。

在团队中，个体不仅希望成为一个成功团队的一员，而且还希望享受更多的乐趣、自由和参与机会。他们期望获得发展新能力的机会和支持。他们追求集体感以及宽容和开放的氛围，希望与不同类型的人合作，共同超越自我。

为了向个体提供高效团队所需要的组织支持，高管必须解决一般团队成员所关注的五个问题：（1）我对团队的贡献能获得组织的认可吗？（2）就个人发展而言，我能从团队参与中学到什么或者得到什么？（3）我的团队参与会促进还是会阻碍我的职业发展？（4）如何评估我的团队贡献，谁来评估？（5）我拥有履行团队承诺所需要的资源和支持吗？

（1）组织认可——随着组织不断积累跨职能团队管理经验，对这个问题的回答也会随着时间的推移而发展演变。有些公司不评估个人对团队的贡献，也有些公司把它作为组织人事制度的一项因素。如果公司希望跨职能团队发挥作用，建议公司为其提供一种机制。

（2）个人发展——团队参与必须满足个人需要、偏好及抱负。个人发展和成长机会能激励员工。组织应该确保团队成员的挑选及其基本职责既能满足个人需要，又能满足团队和组织的需要。绩效管理系统应该认可并奖励个人在团队中的学习和成就。

（3）职业发展——组织必须通过晋升政策（更重要的是通过政策的落实）表明参与团队任务能促进职业发展；表明团队参与是对在组织中取得未来成功至关重要的一种新的、灵活的非官僚式的行为的一部分；表明存在一个更富挑战性的、振奋人心的团队任命等级制度。

（4）个人评估——团队成员的个人绩效可以由其职能经理考核，也可以由团队领袖、团队的同事或者整个团队来考核。个人有权获得关于其绩效的反馈。他们也有权利事先了解自己的绩效如何考核、谁来考核，以及采用什么标准考核。

（5）资源和支持——组织还必须为个人对团队作出贡献提供必要的资源。这可能意味着重新分配职责，以便个人有足够的时间和精力投入团队任务和团队会议。它也可能意味着对个人进行培训，为团队任命做好准备（如人际交往能力）。它也可能要求职能经理赋予个人一定的权力，调用相应职能部门或工作单元的资源。

组织意义

跨职能团队要蓬勃发展，就必须有良好的组织氛围。满足这个更广泛的组织和文化方面的要求是高管的职责。它假设高管对跨职能团队感兴趣，并不是一次性地或者偶尔地使用，而是希望打造本组织管理跨职能团队并从中受益的长期能力。团队协作的概念与北美的主流社会和组织文化相悖。北美文化深深地植根于个人主义、独立、竞争和个人成就的价值观。特别是商业文化，是建立在下列信仰和价值观的前提之下：

- 竞争激发更多的努力、产生更好的结果；
- 资源必须严格控制才能有效利用；
- 个体责任是绩效的关键；
- 最好对个体进行选择、考核和奖励。

这些基本观念在组织中的体现就是官僚制结构和官僚制管理、职能责任体系、个人责任、考核与奖励、质量与成本控制政策等。官僚制结构和权力关系的所有这些价值观、信仰、制度、实务和组织需要，都与高效跨职能团队内在的合作、信息共享和共同决策要求格格不入。

对于一个职能经理而言，跨职能团队的存在意味着对现有组织安排作出让步。维持现状以及维护个人和组织的需要自然会与跨职能团队冲突。更有甚者，团队和团队成员还会因此承受巨大的压力。

下面总结了组织可用于支持高效跨职能团队的战略和策略。组织应该：

- 鼓励高管支持团队——高管自身的行为及其如何认可和奖励员工，就是组织价值观的榜样。高管应该通过自身行为，始终如一地体现团队友好型价值观，高管在这方面做得如何，会极大地影响团队能否成功。

- 保证管理层与团队的目标和期望一致——这个目标可以通过正确选择团队项目以及与团队商议团队章程来实现。

- 把职能经理从资源控制者转变为资源供应者——职能经理经常充当了资源的控制者。当今的商业挑战要求多元化知识和技能的整合，要求具备必要知识要素的每个人通力合作。跨职能团队的成功要求职能经理把资源分配的权力下放给团队。职能经理的职责要明确，要转变为服务的提供者。

- 为团队提供适当的外部资源和支持——跨职能团队的项目通常需要外部资源，如培训、过程协调及法律、计算机和信息服务等。高管为创新型团队提供高效运行所必需的组织资源和支持，对团队至关重要。团队领袖必须在发展计划伊始就告诉管理层需要哪些资源、帮助和支持。团队领袖与高管的关系应该通过参与、规划和定期沟通认真地培养，因为它极大地影响团队领袖的信誉、知名度和优先权。

- 在正常职责之外留出一定时间——在正常职责之外，为团队会议和团队任务留出一定的时间，这是一个关键的资源问题。根据项目范围，团队协作可能需要在3~12个月的期间内总共提供100~200个小时的工作时间。鉴于大多数工作环境都紧张忙碌，这个时间必须纳入团队成员及其职能部门的时间表。这些调整必须得到管理层的支持和鼓励。

- 为团队的成功清除障碍——在团队面对潜力巨大、影响深远的产品和流程时，会不可避免地遇到政治问题、管理层意见的不一致以及责任问题。这些问题都需要行政支持者的建议和支持，行政支持者的职责就是为团队的成功清除所有障碍。

- 把资源投在培训、员工发展和团队协调上——所有团队成员都应该在工作之初接受新工作方式的培训。这种共同的培训和经历，能为团队成员提供共同语言。在理想的情况下，基本的团队培训应该拓展到全体经理和高管。例如，团队成员会从人际交往能力的培训中受益。

- 实施团队建议——高管必须准备采纳团队的建议，或者说明修订或拒绝团队建议的理由。如果做不到这一点，就会影响团队的未来工作。每个团队项目都必须令人满意地结束。团队建议必须实施，至少要测试一下。如果没有实施，则应该表明建议对组织的将来会有实质性的促进，将在未来得到应用。

- 强化团队（而不是团队成员）责任——允许团队发挥作用。组织必须赋予团队充分的权力，以完成指定的使命。例如，在得到高管的广泛指导后，团队应该设定自己的目标。组织必须允许团队管理风险、控制预算、考核绩效、认可并庆祝团队成员及整个团队取得的成绩。让团队负责项目控制、支出和团队结果，有助于团队成员聚焦于共同努力。它激发了个人对团队及其共同目标的承诺。这项战略还防止或者至少是减少了可能分散团队注意力的外部压力。

- 奖励协作与合作，而非奖励竞争——团队认可有多种形式，比如，团队向高管演示、答谢晚宴、在绩效考核中认可、在公司刊物上报道团队结果，以及高管的个人嘉奖等。

- 暂停正常的个人绩效考核——团队问责的必然结果是暂停个人绩效考核。

个人绩效考核可能与团队效能背道而驰。在相互依赖的任务中，比如，团队协作，很难界定个人贡献。如有必要，团队可能才是个人贡献的最佳评判者。对于指派到跨职能团队的人，应该暂停对传统的职能责任的个人绩效考核，这种绩效考核会分散团队成员的团队协作，巩固现有组织结构和组织关系。

考核团队绩效

团队绩效应该定期考核，更多地聚焦于结果，而不是具体活动，从而促进创造性地解决问题，避免群体狭隘之见。团队成功可以根据下列标准考核：

- 符合团队愿景；
- 完成了团队使命；
- 获得了结果；
- 秉持了团队价值观；
- 实现了期望。

团队效能的最佳评判者是团队自身。自我评估可以提上每次会议的非正式议程，如简单地问一句："我们做得怎么样？"团队领袖也可以把问题定期纳入正式议程。绩效考核应该既考虑团队效能的任务方面，又考虑其过程方面。附录所示的"跨职能团队考评表"就为考评团队绩效的过程方面提供了一种参考体系。

十、跨职能团队为什么会失败

跨职能团队失败的原因多种多样，其中包括：

- 没有确立明确的项目目标：
  - √ 在项目开始时目标或问题不明确；
  - √ 没有定义职能部门的目标和职责；
  - √ 低估了项目的复杂性。

- 没有控制成本、时间表和资源：
  - √ 没有预料到可能使项目脱离轨道的问题；
  - √ 没有监控项目全过程。

- 团队与外部世界之间的通讯网络不畅：
  - √ 没有建立、使用或更新通讯网络；
  - √ 没能维持高管的兴趣和承诺；
  - √ 没能共享重要"收益"。

- 团队内部缺乏协调：
  - √ 团队成员职责不明确；
  - √ 没能整合个人贡献；
  - √ 没有预料到团队问题，没有制订应急方案。

- 没能处理紧张的压力和冲突：
  - √ 低估了任务难度；
  - √ 未在团队内建立学习曲线；
  - √ 即时结果的压力。

- 没有处理问题和争议：
  - √ 不知道存在严重问题；
  - √ 不承认存在问题；
  - √ 不寻求专家帮助解决重大问题。

- 没有建立反馈系统：
  - √ 没有为团队成员提供反馈；
  - √ 缺乏高管的反馈和控制；
  - √ 没有利用有类似经历团队的经验。

- 团队领袖和团队成员培训不够：
  - √ 缺乏团队建设能力方面的培训；
  - √ 缺乏领袖和团队意识。

- 其他问题：
  - √ 低估了项目所需的时间；
  - √ 未提供足够的资源；
  - √ 高管未授权或支持团队；
  - √ 未评估团队的优势和劣势；
  - √ 缺乏规划和控制；
  - √ 未在高回报活动上投入足够的时间，比如现状审查会议。

十一、结束语

面对当今的商业挑战，我们必须整合多元知识和技能，使拥有必要知识和技能的所有人共同合作。作为一种集成机制，跨职能团队是 20 世纪 90 年代的一种基本管理工具，它在 21 世纪将会更加重要。跨职能团队整合了完成复杂任务所必需的，原本分散的知识和技能。

但是，团队也不是万能灵药，不能满足所有组织的组织需要。团队不能解决所有的问题，不一定能提升每家公司的经营成果，也不一定能帮助高管应对每个绩效挑战。而且，如果应用不当，团队既浪费资源，又具有破坏性。尽管如此，跨职能团队通常仍能胜过其他群体和个体。

本指南为组织和团队成员更好地利用跨职能团队并从中受益提供了一些建议和最佳实践。但是，如果不能审慎实施，最佳实践也只能是愿望，而不能成为现实。

附录：跨职能团队考评表 [5]

思考一下您的团队，按 1~5 个等级评分

（1 = 低；5 = 高）

标　准	评　分

目标

1. 团队成员对共同目标的描述和承诺。　　　　　　　　　_____

2. 具体目标明确、具有挑战性、与团队总体目标相关。　　_____

3. 实现目标的战略明确。　　　　　　　　　　　　　　　_____

4. 个人职责明确。　　　　　　　　　　　　　　　　　　_____

小计（总分 20 分）　　_____

授权

5. 团队成员觉得个人和集体都有权力感。　　　　　　　　_____

6. 团队成员能获得必要技能和资源。　　　　　　　　　　_____

7. 组织政策和实践均支持团队目标。　　　　　　　　　　_____

8. 团队成员互相尊重和互相帮助。　　　　　　　　　　　_____

小计（总分 20 分）　　_____

关系和沟通

9. 团队成员开诚布公地表达自己。　　　　　　　　　　　_____

10. 团队成员会表达关心、理解和认可。　　　　　　　　　_____

11. 团队成员彼此主动倾听。　　　　　　　　　　　　　　_____

12. 珍视不同的意见和观点。　　　　　　　　　　　　　　_____

小计（总分 20 分）　　_____

5　来源：摘自 Kenneth Blanchard, Donald Carew & Eunice Parisi-Carew, 1990, 22-23。

标 准	评 分

灵活性

13. 团队成员根据需要履行不同的职责。 _____

14. 团队成员共同承担团队领导和团队发展的责任。 _____

15. 团队成员适应不断变化的需求。 _____

16. 探索不同的创意和方法。 _____

小计（总分20分）_____

最优劳动生产率和责任

17. 个人职责与共同职责明确。 _____

18. 有集体劳动成果。 _____

19. 团队通过评估集体劳动成果考核绩效。 _____

20. 团队共同讨论、决定并实施。 _____

21. 团队产出高。 _____

22. 质量优秀。 _____

23. 决策有效。 _____

24. 问题解决过程明确。 _____

小计（总分40分）_____

认可和赞誉

25. 个人贡献受到团队领袖及其他团队成员的认可和赞誉。 _____

26. 团队成就受到组织的重视和赞誉。 _____

27. 群体成员感觉受到尊重。 _____

28. 团队贡献受到组织的重视和赞誉。 _____

小计（总分20分）_____

士气

29. 个人对于成为团队成员感觉良好。 _____

30. 个人充满自信和动力。 _____

31. 团队成员对自己的工作怀有自豪感和满足感。 _____

32. 有强烈的凝聚力和团队精神。 _____

小计（总分20分）_____

总体评估

总计（总分160分）_____

参考文献

Blanchard, Kenneth, Donald Carew, and Eunice Parisi-Carew. 1990. *The One Minute Manager Builds High Performing Teams.* New York: William Morrow and Company.

Carson, Neill M. 1992. "The trouble with teams." *Training.* August.

Coopers & Lybrand. 1990. *Process Improvement: A Guide for Teams.* Rosalyn, VA: Coopers & Lybrand.

Donnellon, Anne. 1993. "Cross-functional teams in product development: Accommodating the structure to the process." *Journal of Productivity Innovation Management.* 10:377-392.

Henke, J.W., A.R. Krachenberg, and T.F. Lyons. 1993. "Cross-functional teams: Good concept, poor implementation!" *Journal of Productivity Innovation Management.* 10:216-229.

Kaizenbach, Jon R., and Douglas K. Smith. 1993. *The Wisdom of Teams: Creating the High-Performance Organization.* Boston: Harvard Business School Press.

Kaizenbach, Jon R., and Douglas K. Smith. 1993. "The discipline of teams." *Harvard Business Review.* March-April: 111-120.

Kim, Daniel H. 1993. *Diagnosing Systemic Issues and Designing High-Leverage Interventions. Systems Archetypes.* Toolbox Reprint Series. Cambridge, MA: Pegasus Communications.

Lewis, James P. 1993. *How to Build and Manage a Winning Project Team.* New York: American Management Association.

Logan, Linda R. 1993. "Team members identify key ingredients for team-building success." *National Productivity Review*, Spring: 209-223.

Martin, Don. 1993. *Team Think: Using the Sports Connection to Develop, Motivate, and Manage a Winning Business Team.* New York: Dutton.

Nadler, Gerald, and Shozo Hibino. 1990. *Breakthrough Thinking: Why We Must Change the Way We Solve Problems, and the Seven Principles to Achieve This.* Rocklin, CA: Prima Publishing.

Parker, Glenn M. 1990. *Team Players and Teamwork: The New Competitive Business Strategy.* San Francisco: Jossey-Bass.

Quick, Thomas L. 1992. *Successful Team Building.* New York: American Management Association.

Rees, Fran. 1991. *How to Lead Work Teams:*

Facilitation Skills. CA: Pfeifer.

Schafler, Robert H. 1988. *The Breakthrough Strategy: Using Short-Term Successes to Build the High Performance Organization*. Cambridge, MA: Ballinger.

Scholtes, Peter R. 1988. *The Team Handbook: How to Use Teams to Improve Quality*. Madison, WI: Joiner Associates.

Senge, Peter. 1990. *The Fifth Discipline*. New York: Doubleday.

Shonk, James H. 1992. *Team-Based Organizations: Developing a Successful Team Environment*. Homewood, IL: Business One Irwin.

Zenger, John H., Ed Musselwhite, Kathleen Hurson, and Craig Perrin. 1994. *Leading Teams: Mastering the New Roles*. Homewood, IL: Business One Irwin

【孟焰、邵维佳审校】

题 目

竞争情报管理：
发展全面竞争情报

鸣 谢

本准则经管理会计委员会批准发布。美国管理会计师协会感谢加拿大管理会计师协会（SMAC）的真诚合作，也感谢本准则的起草者，美国国际管理研究生院（雷鸟）的管理会计学客座教授、霍威尔管理公司总裁Robert A. Howell 博士。先进制造国际联盟（CAM-I）的代表也对本准则的发布作出了贡献。

特别感谢加拿大管理会计师协会的《管理会计指南》项目经理 Randolf Holst 在本准则制定中始终如一的监督和指导，以及项目小组成员，包括管理会计委员会主任 Alfred M. King 和委员 Dennis C. Daly 所提供的宝贵意见和建议。

Published by
Institute of Management Accountants
10 Paragon Drive
Montvale, NJ 07645-1760
www.imanet.org

The Association of
Accountants and
Financial Professionals
in Business

竞争情报管理：发展全面竞争情报

目 录

一、引言

多年来，许多公司一直信奉"在盈利的基础上了解并满足客户需求"的营销原则。为了实现这些目标，公司开始考虑新的业务机会、拓展分销渠道、开发新产品，并进行重组。

在需求旺盛的市场，这种以客户为中心的行为也的确实现了公司增长和盈利。今天，这些公司意识到，如果对竞争者的经营活动没有全方位的深刻理解，就不可能提高增长率和盈利能力。

大多数公司都曾非正式地搜集过关于竞争者的情报。它们对竞争者的管理、市场和客户、产品和服务、经营设施、技术和财务都有所了解。但是，很少有公司采用积极、严格、系统的方式充分利用关于竞争者的情报，并以此获得竞争优势。

相反，公司拥有的竞争者情报往往都是非正式的、分散的、轶事性的，远远实现不了其潜在价值。虽然存在大量关于市场变化、客户需求及竞争者能力和行动的资料，但是没有几家公司付出足够的努力把这些信息整理成竞争情报，以作为下一步行动的基础。

随着商业领域的竞争越来越激烈，这种非正式的信息搜集已远远不能满足积极主动、先发制人的公司的需要。由于经营日益复杂，经济环境也如此不确定，这些公司也开始对竞争明察秋毫。它们搜集越来越多的信息，花费越来越多的时间和精力分析信息。正如这些公司所发现的那样，有效的竞争情报系统绝对是在今天，乃至未来的竞争环境中取得成功的必要条件。

二、范围

本指南主要关注竞争者分析，并将这种分析结果综合性地纳入竞争情报。虽然企业还必须搜集更广泛的情报，我们也在多处提及了这一点，但是本指南并不针对广泛的商业情报。图表1显示了三种类型的情报搜集之间的关系，即竞争者分析、竞争情报和商业情报。

在图表1中，竞争者分析位于倒金字塔的底部，因为它只聚焦于一个竞争者的信息和档案，其范围狭小。竞争者档案是关于特定时间的特定竞争者的信息包，一般包括竞争者概述、主要高管、重要市场和产品线、基本经营状况、技术和财务业绩。它还包括竞争者的优势和劣势、资源易得性和战略方向，以及公司应该如何解读其他方面的信息。

在金字塔的中间是竞争情报。竞争情报的范围更广泛，因为它吸收了所有竞争者分析。在金字塔的顶部是最广泛的情报搜集，即商业情报。商业情报包括环境审

图表 1　情报搜集等级

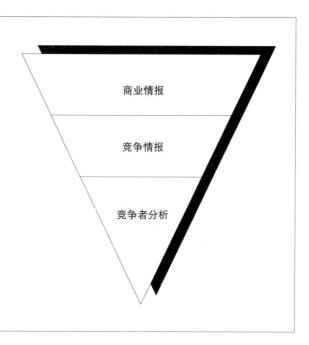

范围最广泛,包括环境审查、市场研究和分析、竞争情报

商业情报

范围广泛,吸收了全部竞争者情报

竞争情报

范围狭窄,聚焦于一个竞争者档案

竞争者分析

查（包括经济条件、社会变革、科技发展及政治和监管事件等问题）、市场研究和分析、竞争情报。

本指南的概念、工具、技术和实施步骤适用于在竞争激烈的环境中生产和销售产品或服务的所有组织，即：

- 大型和小型组织；
- 公共机构和私有企业；
- 所有商业领域的企业；
- 所有管理级别；
- 公司的任何层面。

本指南有助于管理会计师及其他人：

- 理解竞争情报如何与组织短期目标、战略和长期目标联系起来；
- 解释实施竞争情报流程的好处；
- 理解应该采取哪些必要步骤实施有效的竞争情报分析；
- 理解实施正式、严格、系统的竞争情报流程的工具和技术；
- 理解组织和管理会计在实施改进的竞争情报新方法时所面临的挑战；
- 拓宽管理者的意识，获得对竞争情报工作的支持。

三、定义竞争情报系统 [1]

竞争情报系统是制定、评估和修订组织目标、战略和策略的基础。组织既可以利用它们评估行业生命周期，又可以利用它们评估现有和潜在竞争者的能力，以维持或发展竞争优势。竞争情报系统为决策提供了信息，比如，投资和发展哪种产品、哪个市场或哪个行业；在哪种产品、哪个市场或哪个行业收购或建立合资企业；剥离或退出哪种产品、哪个市场或哪个行业。

虽然竞争情报系统的设计和实施方式多种多样，但是它们都具有下列共同要素：

- 竞争情报系统聚焦于行业及建立竞争者档案，特别是确定行业变化及竞争者的行动和反应对自己所在组织和绩效的意义。
- 搜集的资料（许多都是缺乏系统性、支离破碎的、未经评估的信息）转变成竞争情报（经评估的系统化资料，公司可以对竞争产生新的、不同的洞见）。
- 虽然有正式负责情报工作的个人或部门，但是组织的每个人都是情报天线。
- 竞争情报系统不断发展，以解决不断变化的重要问题，使组织焕然一新。

1　许多资料都基于 The Society of Competitive Intelligence Professionals. 1993. *Global Perspectives on Competitive Intelligence*。

- 竞争情报系统不是行业间谍，而是搜集、分析和利用公共资料的过程。不择手段地获取保密性竞争信息，以及明显违背道德甚至触犯法律的行为，不是竞争情报。

四、建立竞争情报系统的目的

组织不断探索实现可持续竞争优势，反击侵略性竞争的新方法。喜欢先发制人的组织意识到竞争情报系统所带来的优势。例如，在日本半导体行业中，诸如三菱（Mitsubishi）、三井 (Mitsui)、住友 (Sumitomo) 和丸红 (Marubeni) 之类的大型组织都设置了情报部门，在能力与准确性上堪与美国的中央情报局媲美。在美国，竞争情报系统也是在 IBM、德州仪器、花旗银行、AT&T、Sprint、麦道公司和 3M 等公司普遍受到欢迎的一种工具。

组织建立竞争情报系统，一般都具有下列目的：

- 提供机会和威胁的预警，比如新收购、新联盟、未来竞争产品和服务；
- 让管理者更多地了解竞争者中发生的变化，使组织能更好地调整和应对；
- 确保战略规划决策建立在及时、相关的竞争情报的基础之上；
- 对组织的竞争力提供系统化审计，使首席执行官可以对公司的相对地位形

成全面客观的评估。

五、管理会计师的作用

竞争情报是搜集资料、整理信息和制定决策的过程。而管理会计师的职能就是搜集资料、整理资料并转化为信息，再根据信息制定决策。决策通常是与管理者共同制定的。

竞争情报也可以被视为竞争力审计，这是管理会计师所熟悉的一个概念。管理会计师的教育背景和工作经验使其完全适合竞争情报流程的要求。

管理会计师可以通过多种方式积极参与和引进竞争情报流程：

- 明确建立新的或改进的竞争情报流程是非常必要的；
- 教育高管及其他管理者，让他们了解这种必要性；
- 与跨职能团队一起制订一个设计、开发和实施竞争情报系统的规划；
- 确定竞争者分析的适当工具和技术；
- 为竞争情报工作提供财务信息、分析和专业经验；
- 在目标成本管理中应用竞争情报；
- 确保竞争情报工作与公司短期目标、战略、长期目标和内部流程建立必要的联系；

- 不断评估新的、改进的竞争情报流程及其对组织的意义，不断改进流程。

六、竞争情报流程

高效的竞争情报流程可以使公司的专门人员积极、系统地搜集、整理、分析、传播和吸收竞争者信息，以便作出正确反应。

建立竞争情报的方法多种多样。公司经验表明，有几项要素对于高效的竞争情报流程至关重要。其中包括：

- 定义经营问题；
- 确定竞争资料的来源；
- 搜集和整理资料；
- 建立可执行的情报；
- 发布研究结果；
- 为战略规划提供信息；
- 提供反馈和再评估。

图表 2 是一个模型，说明了一般竞争情报流程的几个步骤。下面就介绍每一个步骤。

定义经营问题

竞争情报流程的第一步是定义经营问题。需要什么样的情报以及谁需要？他们将如何利用竞争情报？什么时候需要竞争情报？

图表 2　竞争情报流程

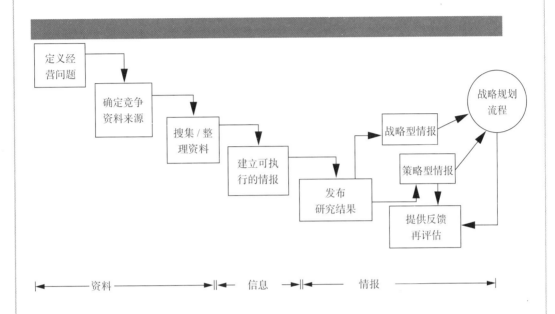

在高管中展开调查，然后确定所需要信息的主题和目的，信息搜集就更有可能系统化。信息的使用者，而不是信息的制造者确定其优先顺序。

一般的经营问题包括：

- 我们的产品或服务如何实现差异化？我们如何才能优于或者不同于竞争者，从而增加客户价值？如何提高质量？
- 我们能利用整合、集中或先发制人的行动获取竞争优势吗？
- 还应该考虑什么样的替代增长方向？

如何追求这种增长？

- 每个市场最适宜的投资水平是多少？
- 什么样的战略最适于我们的优势、目标和体制？

策略型情报聚焦于那些可能对今天、下个月或下个季度的经营产生影响的经营问题，比如，竞争者、客户和供应商的行动。这类情报通常是在经营单元或经营分部层面建立的。

相比之下，战略型情报则帮助驾驭企业的总体方向。战略型情报虽然也经常吸收策略型信息，但应该来自公司的高层。

确定竞争资料来源

在确定了经营问题、描绘了项目之后，就可以确定并利用竞争资料的主要来源，一般包括：

- 内部人员；
- 公开发布的信息；
- 第三方访谈；
- 委托研究。

内部人员——大多数组织已经拥有的关于竞争者的资料往往十分重要。据估计，公司通常会拥有需要了解的 80% 的资料。例如，营销和服务人员总能了解市场行为和市场趋势，以及竞争者如何创造或如何应对它们；分销职能会接触分销渠道的中介；生产经理会在生产设备交易会上见到竞争者；设计和研发人员会在专业会议上碰到竞争者的技术人员；财务和会计人员也会在研讨会上遇到同行。但是，因为这些资料通常都分散在组织的各个角落、不系统或者不够及时，所以大多数公司都没有充分利用它们，甚至忽略了它们。

公开发布的信息——公司可能已经搜集了大量关于竞争者的公开发布的信息，但是尚未系统化。例如，一些法定财务报表，比如年度报告和向证券交易委员会报送的报告，都可以随时获得。如果竞争者设置了公共信息办公室，那么公司就能提供许多有价值的资料。组织还可以利用剪

报公司搜集行业媒体上发表的文章。竞争者的工作人员撰写的专利和技术方面的文章就是表明其技术发展方向的明显信号。例如，英特尔公司就通过追踪科技文献监控竞争者在 8 英寸硅片上的技术发展。英特尔公司在日本东京和美国加州的工作人员详细审查日本每年发表的成千上万篇科技论文，并选出最有价值的翻译成英文。同样，证券分析师的报告也能提供一些关于竞争者的业绩、地位及可能的发展方向的第三方观点。如果分散在组织的各个角落，这些信息可能毫无用处。但是，经过编纂、综合与分析，它们就会展现一幅更加清晰的图景。

第三方访谈——组织定期联络与竞争者也有接触的外部团体或个人。客户就是最明显、最直接、最实用的例子。如果客户接触过竞争者，他们就可能会与原始供应商分享对竞争者的任何新看法。同样，竞争者的客户也可能分享关于竞争公司的产品和服务具备哪些优势等信息。其他有价值的第三方还包括经营竞争者的产品和服务，或至少了解竞争者的产品和服务的分销商；共同的供应商或者竞争者也曾联络过的供应商；竞争者的前任员工；行业协会；行业出版机构以及金融分析师。

委托研究——有些组织自己不搜集资料，而是从市场研究机构购买信息。有些市场研究结构能以适当的价格（年费

3 000~5 000 美元）不间断地提供大量关于上市公司的信息，其中大多数信息要么是公开渠道的信息，要么是财经媒体定期发布的信息，包括申请的专利、诉讼、新建工厂或工厂扩建和关闭、公司高管传略、全部或单项产品销售资料、新产品发布等等。即使是中小型企业也都自己从事竞争研究，但是也有必要利用外部的研究。高管由于忙于经营问题，很可能会遗漏重要的事项。此外，高管也不能保证一定可以通过自己的工作人员了解到市场的发展情况。

搜集和整理资料

整理竞争资料很重要，这样就可以按照一定的逻辑储存和检索它们。一个有效的框架是分类，即将广泛的行业资料归结成一类；将关于每个竞争者的资料归结成一类；第三类是关于管理者特别关注的特定领域的竞争资料。

对于行业数据库，组织一般追踪影响行业业绩和前景的力量，包括经济条件、社会变革、科技发展、法律法规、客户消费模式和供应商趋势。此外，还应该监控行业销售额、行业集中度和在所有产品市场中的相对市场份额、经营利润、税后利润、资产回报率及其他财务业绩指标。最终建立的系统应该能使公司监控行业结构和行业吸引力的变化，确保公司不断捕捉

和追踪相关资料。

在竞争情报系统中，下一个层级的资料通常是关于特定竞争者的资料。它旨在为特定竞争者建立一个综合的档案。具体内容包括对竞争者的概括介绍；发展历史上的重要事件年表；主要高管传略；组织结构、管理风格和组织文化问题；公司的营销策略和主要客户；公司经营、产品线及产品介绍；研发和技术发展方向；生产运营；全面财务分析；以及其他有助于增进对竞争者的理解的重要信息或问题。

越来越多的公司开始积极主动地搜集资料。例如，柯达公司维护着一个数据库，搜集关于竞争研究的所有文章和总结，公司的任何员工都可以调阅。雅培制药（Abbott Laboratories）分发竞争报告表格，从公司报告中搜集情报。惠普建立了一个电子邮件联络网络，搜集重要信息。

一个行业可能有一些关键成功因素，比如，对客户需求的迅速反应、新产品开发能力、低成本运营、财务实力等，它们促进了一个行业或一个公司的成功。在搜集和公布资料时，这些关键领域应该引起特别关注。同时，组织也必须审慎，不要只关注成功领域，而忽略其他新兴的重要领域。

还有一点至关重要，即组织不要把全部时间都花费在搜集关于现有竞争者的资

料上。它们还必须分配一些时间去研究在未来五年竞争者可能是谁。这样，组织就能够防止潜在的竞争者抢得立足之地。

建立可执行的情报

在搜集了所有资料之后，一个重要的步骤就是同直线经理和行政经理核实这些资料。在采取下一个步骤之前获得他们的认可，这样做就可以避免资料支持的结论遭到直线经理或行政经理反对。如果他们认可了资料，通常就不会抵制其逻辑推论。例如，在西南贝尔公司，管理者就要求所有非公开发布的信息一律视为传闻，除非能得到独立证实。资料一经证实，就可以进行分析。

评估组织是否能根据竞争情报采取行动的标准是：

- 结论经过质疑和检验了吗？
- 指出基本假设、不确定性和局限性了吗？
- 建立推论了吗？
- 资料是按有效形式提供给规划决策的吗？
- 它们满足使用者的需要了吗？
- 提出其他可供选择的研究结果/观点了吗？
- 如果时间允许，管理者能采取行动以得到不同结果吗？

发布研究结果

竞争情报的公布将竞争信息的搜集者、分析者与使用这些信息的决策者联系在一起。

在公司中公布和散发竞争情报的方式多种多样。一种方式是把信息搜集整理为一个竞争者档案报告，根据实际需要在组织中部分或全部散发。

一种更具活力的方法是建立一个竞争情报中心，维护和更新关于竞争者的信息以及关于公司自身的竞争情报工作的信息。这样，有关高管就可以根据所提供的竞争信息召集会议，展开讨论。

有些公司定期向高管汇报竞争形势，以便讨论公司的主要竞争者、业绩、可能采取的行动及其对公司的意义。在汇报时，人们利用报告和演示展开讨论。

成功发布情报的关键是强调最重要的竞争问题，以及如何搜集和应用信息迅速、恰当地解决这些问题。

例如，康宁公司和施乐公司会对竞争者的产品开展逆向工程，然后把研究结果公布于众，因为它们知道工程师对情报的使用会有别于商人。康宁公司的管理者意识到整个公司最终都会从信息中受益。当卡夫食品公司意识到竞争资料隐藏在公司的各个角落的时候，它就决定审计这些"隐

藏"的资源,并建立索引,从而使所有管理者都从中受益。佳能公司知道自己的许多市场知识都在日本境外,于是就决定把关键的技术信息和竞争者信息翻译成日文,从而使公司全体管理者都能参阅。

为战略规划提供信息

战略规划是一项集成活动。它综合了来自整个组织的信息,帮助组织确立具有凝聚力的发展方向。除非竞争情报成为战略规划的主要组成部分,否则竞争情报流程就没有实现其目的,也不能为必要的投资提供可行性论证。

组织所需要的是言简意赅地说明资料的含义和意义。分析不应局限于简单地重复公共资料,还必须拓展为原创性研究,评估资料对企业战略的可能影响。

通过向管理者提供启示和战略选择,竞争情报就能有效地集成到战略管理流程。

提供反馈和再评估

高效竞争情报流程的一个主要特征就是它的反馈机制。使用者必须评估情报的相关性、及时性和全面性。反馈通常有助于明晰使用者的需要、确定遗漏的信息、建议新的调查领域。

七、发展竞争情报的工具和技术

正如在过去 50 年间对于大多数公司来说竞争都日益加剧一样,支持竞争情报工作的思想、实务、工具和技术也在不断发展。这些工具和技术可以归类为战略分析技术、产品导向型分析技术、客户导向型分析技术、财务分析工具和行为分析技术。

战略分析技术

公司一般都通过进入利润丰厚的行业或者建立竞争优势获得高额利润。它们的战略通常都是通过回答两个基本问题而定义的,即"我们应该从事哪个行业?"、"我们应该如何竞争?"

对第一个问题的回答定义了公司战略,它所针对的是诸如多元化公司的多元化、纵向整合、进入和退出、资源分配之类的问题。它强调对市场,特别是竞争者和客户的深入了解。目标不仅是洞察目前的状况,而且要预见具有战略意义的未来变化。

对第二个问题的回答定义了经营战略,即公司如何在特定行业或市场中竞争。如果公司要赢、甚至是生存,它就必须制定一项可持续竞争优势的战略。

在过去的 30~40 年间,随着竞争的

加剧和日益全球化，战略分析在许多方面都得到了长足发展。虽然战略分析工具和技术最初可能只是用于公司内部，但是许多战略分析工具和技术同样适用于竞争分析。以前主要以内部为导向的工具和技术也转而更加明确地聚焦于外部环境，按公司分析和评估自身的方式分析竞争者。

组织采用多种战略分析技术为公司战略和经营战略发展竞争情报。除了帮助选择正确的战略之外，这些技术还为理性地讨论其他战略提供了一个框架，为战略在整个组织的贯彻提供了一种手段。这些技术包括：

- 行业分类分析；
- 核心竞争力和能力分析；
- 资源分析；
- 未来分析。

行业分类分析

把一个行业归属于一类相似行业的能力有助于组织更好地理解竞争的性质，以及在一个行业的竞争优势的来源。

行业分类分析是一项有价值的技术，它可以揭示行业之间的相似之处，突出关键的不同之处。因此，行业分类分析是发展竞争情报的一项有价值的工具。

行业分类的一个主要基础是成熟度。行业一般都遵循行业生命周期，许多不同行业都具有相同的发展特征。行业生命周期是产品生命周期的一个对等概念。

生产一系列产品的行业，其生命周期就可能比只有一种产品的行业持续更长时间。行业生命周期一般定义为四个阶段，即：

- 引入期；
- 成长期；
- 成熟期；
- 衰退期。

行业生命周期及其四个阶段都是按行业在不同时间段其增长率的变化来定义的。行业生命周期的一般模型是一个 S 形的增长曲线，如图表 3 所示。

在引入期，行业的产品不为人知，只有几个开拓性的公司和几个开拓性的客户，市场渗透起初缓慢。在成长期，关于产品信息的传播加速了市场渗透。在成熟期，市场接近饱和，需求从新生需求转变为重置需求，行业销售增长率放缓。最后，随着行业受到来自生产技术性能更优的替代产品的新行业的挑战，行业便进入衰退期。

不同行业，行业生命周期各个阶段的持续时间也截然不同。例如，铁路行业的生命周期自 1840 年以来已经发展了大约 100 年才进入衰退期。第一台苹果牌个人电脑于 1976 年问世；到 1978 年，行业进

图表 3 行业生命周期

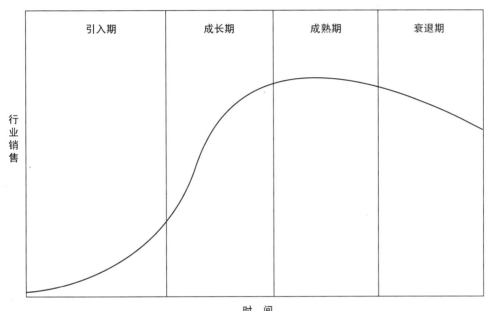

入成长期，大量新公司和历史悠久的公司涌入这个行业；在 1984 年底，出现了成熟的迹象：增长停滞、生产能力过剩、行业，开始围绕少数几个公司合并。

有些行业从来都不会进入衰退期。例如，供应基本生活必需品的行业，如住宅建设、食品加工、服装等，它们可能会停留在成熟期，但是不可能进入漫长的衰退期。有些行业可能会经历生命周期的再生。

虽然行业生命周期是战略分析中所普遍使用的分类技术，但是还有许多其他分类方法。行业可以按客户类型分类（分为

生产性商品行业和消费性商品行业）、按主要竞争资源分类（分为技术型行业、营销型行业或者专业技能型行业），或者按行业的地域范围分类（分为本地行业、全国性行业或者全球性行业）。

在评估任何一种行业分类方式的有效性的时候，关键的问题是它能否反映行业之间的相似性和差异，从而为制定公司战略和经营提供竞争情报。

核心竞争力和能力分析

行业分类分析适宜于描述竞争的"什

么"，即什么使一个公司或一个行业比另一个公司或行业利润更丰厚。此外，即使理解了竞争者的成本、质量、客户服务和上市时间等优势的细节，也仍未完全回答"为什么"的问题。例如，为什么有些公司能不断创造新的竞争优势，而其他公司则只能亦步亦趋呢？为什么有些公司是竞争优势的创造者，而其他公司则是竞争优势的效仿者呢？

组织不仅需要记录现有的竞争优势，即它们是什么、谁拥有它们，而且要发现推动竞争优势创造过程的工具。行业和竞争者分析工具更适用于第一项任务，而不是第二项。

因此，虽然以最终产品为导向是完全正确的，但是还应该辅之以对核心竞争力的关注。为了发展竞争情报，组织不仅应该被视为产品或服务的组合，而且还应被视为核心竞争力的组合。

核心竞争力可以把整个公司的技术和能力整合成一个统一体。战略管理的关键是核心竞争力的管理，而不是经营单元的管理，因为经营单元可持续的竞争优势源自核心竞争力。

按照 Prahalad & Hamel（1994）的观点，公司只拥有五六个基本竞争力。这些竞争力对客户感知价值作出了不同程度的贡献，具有竞争的独特性，可应用于不同产品领域。

例如，日本索尼公司在微型化技术、美国 3M 公司在胶带技术、百得公司（Black & Decker）在小型发动机、本田公司在汽车发动机和动力系统上的核心竞争力。其中每项核心竞争力都是多个经营单元的基础。NEC 公司在多个技术领域（半导体、计算机和电信）发展了基本能力，它们可以组合、重组，从而就有优势超越那些缺乏类似基本竞争力的竞争者。

核心能力不是以产品为导向的，而是以流程为导向的。因此，公司就能在一个或多个主流业务流程中赢得显著的竞争优势。在评估核心能力时，重要的不仅仅是在现有活动中的当前竞争力，而是公司拓宽、发展和重新部署其核心能力的潜力。

一个常见的例子就是沃尔玛。这家零售商准确地知道每天在每个商店销售了哪些商品，以及每种商品销售了多少。这项信息通过公司的信息系统反馈给供应商。供应商就能通过沃尔玛的配送系统迅速补货，以避免销售额的损失。这种既有效益又有效率的供应商—客户链使沃尔玛的竞争者只能望其项背。

竞争力和能力代表新兴公司战略范例的两个不同但又互补的纬度。与传统的结构模型不同，这两个概念都强调战略的"行为"方面。但是，核心竞争力强调价值链上的某一点技术和产品专长，而能力则基础更广泛，包括整个价值链。与核心竞争力不同，能力是客户看得见的。核心竞争力和能力的结合能为公司创造重要的竞争优势。

但是，仅仅基于竞争者核心竞争力和能力分析发展竞争情报还远远不够。核心竞争力和能力本身不能解释核心流程或次要流程、组织结构和文化的管理。例如，3M 公司或许可以把无纺技术发展为核心竞争力，但是不足以使其成为在胶带和便签领域的产品领袖。同样，如果说沃尔玛的成功仅仅源于它的物流竞争力，未免过于简单化了。成功通常是多方面的。

资源分析 [2]

基于核心竞争力和能力来开展和分析竞争情报就有可能忽略组织为什么可以发展出合理的多元化战略。例如，核心竞争力和能力分析均会假设竞争优势的根源在组织内部，新战略的采纳受公司资源的现有水平约束。

强调资源的分析技术结合了对组织内部现象的内部分析和对行业及竞争环境的外部分析。这种分析把组织作为实物资产（比如厂房和设备）和无形资源（比如品牌名称或技术专长）的独特集合体来分析。

---

2 许多资料都基于 Collis and Montgomery（1995）。

因此，竞争优势应归因于拥有宝贵的资源，从而使组织做得比竞争者更好，或者成本更低。例如，英国的玛莎百货就拥有一系列资源，造就了它在英国零售业中的竞争优势。如图表 4 所示。

避免孤立地分析资源对组织很重要，因为它们的价值是在市场力量的相互作用中决定的。在某个行业或者在某个时点具有价值的资源未必在另一个行业或另一个时点也具有相同的价值。

要想使资源成为有效战略的基础，就必须提出大量关于其在外部市场中的价值的问题。即：

- 资源难以复制吗？无法效仿是价值创造的核心，因为它限制了竞争。如果资源无法效仿，那么它所创造的任何利润流就更有可能是可持续的。
- 资源的折旧速度有多快？资源持续的时间越长，就越有价值。
- 谁获得了资源所创造的价值？并非资源所创造的所有利润都会自动地流入"拥有"资源的组织。一般而言，价值要在客户、分销商、供应商和员工之间议定。
- 独特的资源能被不同资源替代吗？

公司最有价值的资源常常是无形资源，而不是实物资产。因此，目前强调公司资产的更软的方面，即文化、科技和转

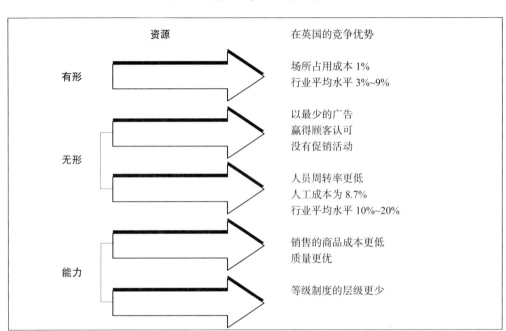

图表4　英国玛莎百货的竞争优势

资源	在英国的竞争优势

有形 → 场所占用成本 1%
行业平均水平 3%~9%

无形 → 以最少的广告
赢得顾客认可
没有促销活动

→ 人员周转率更低
人工成本为 8.7%
行业平均水平 10%~20%

能力 → 销售的商品成本更低
质量更优

→ 等级制度的层级更少

资料来源：Collis and Montgomery, 1995。

化能力。

未来分析

对目前市场和行业的竞争情报进行分析的确有用。深入探寻决定未来的事件和力量也同样重要。有一个问题，许多组织都未曾问过，那就是什么新趋势和未预见的发展会重塑我们的企业？预测或许能提供早期预警，但是有些公司只是根据预测来推断近期的发展。虽然人们习惯于"未来或多或少地类似于过去"这样的观念，但是只根据现在进行一些简单预测常常不起作用。

Hamel & Prahalad（1994）提出，有效的未来分析不只包括合理的情境规划或技术预测，虽然情境规划和技术预测常常是有益的组成部分；它也不是围绕几个最可能的情境制订应急方案。例如，在非系统化的行业中，未来的排列多种多样，任何传统的情境规划过程极尽其所能也难以反映所有潜在的结果。虽然情境规划可能有助于思考石油价格变化的后果，但是它未

必也有助于发现互动电视的第一次成功应用，或者基因工程的全新应用。

未来分析会提出一些关于未来的关键问题，比如：

- 未来将服务哪些客户？
- 未来将通过哪些渠道联系客户？
- 未来的竞争者将是谁？
- 未来公司的竞争优势将建立在什么基础之上？
- 未来什么能力将使公司独一无二？

未来分析能够使决策者和规划者把握维持竞争优势的长期要求。

苹果计算机公司就是一个很好的例子，它在未来分析领域表现出非凡能力。在 20 世纪 70 年代，它就展望了一个"每个人，无论男女老少都拥有一台电脑"的世界。而当时计算机只能在公司办公大楼的僻静角落的专用机房中才能看到。结果就是于 1977 年诞生了苹果Ⅱ，第一台真正成功的大众市场计算机，比 IBM 的 PC 机早四年。

日本在北美汽车市场的显著质量优势就归因于有效的未来分析。日本汽车制造商开始时并没有质量优势。几十年前，日本汽车制造商通过竞争情报意识到，要在其本土市场打败美国汽车制造商，就需要新的、战无不胜的竞争武器。它们开始研发的新的竞争武器就是质量、生产周期和灵活性。二十年之后，丰田公司的先见之明也成了通用汽车公司的优先选择。

产品导向型分析技术

追求可持续的竞争优势一般都是公司战略的核心。但是，竞争优势只能持续到竞争者复制或者以智取胜之前。保护竞争优势变得越来越难。一旦竞争优势被复制或者被战胜，它就不再称其为竞争优势。它现在成了一种经营成本。最终，创新者只能在竞争者发起反击之前的有限时间内利用其竞争优势。然后最初的竞争优势就开始逐渐丧失，需要开发新的竞争优势。

随着时间的推移，组织必须不断改变其成本（价格）和质量定位。行业不断地调整其准入门槛，调整其可接受的最低质量水平和最高价格水平。

质量革命提高了标准，继而新的革命又粉碎了这些标准。产品或流程技术的创新使质量极大改进或成本显著下降。因为这些变革周期正在日益缩短，所以公司定期、系统地监控竞争者的产品就尤为重要。

一种产品导向型竞争情报技术是逆向工程／拆卸分析法，对于这项技术，有些公司已使用多年，并且越来越多的公司也在效仿。

逆向工程 / 拆卸分析法

在采用逆向工程 / 拆卸分析法（reverse engineering/teardown analysis）时，公司先找来竞争者的产品，然后把它们拆卸开，以了解其零部件及它是如何制造的、需要什么生产流程和设备，以及产品的质量特征和成本估计。如果应用得当，这项技术就有助于组织了解竞争者的产品和流程。

施乐公司和克莱斯勒公司都成功地运用了逆向工程 / 拆卸分析法。在 20 世纪 70 年代末和 80 年代初，施乐公司面临着来自佳能和理光等制造商生产的价格更低、质量更高的日本复印机的竞争。施乐公司拆卸并分析了竞争者的产品，了解它们是如何设计、开发和生产的。施乐公司从而认识到自己的不足，制订了重新赢回复印机市场领导地位的计划。

同样，克莱斯勒公司也找来了竞争者的汽车，然后小心谨慎地拆卸开。通过研究产品，公司对丰田、本田、福特及其他领先的竞争者有了新的认识。例如，克莱斯勒更注重减少噪音，而许多日本汽车制造商都在这方面超过了克莱斯勒。

对于逆向工程 / 拆卸分析法的一种批评是，这项技术不能解释竞争者在生产流程上的差异。这些差异显著改变了产品的生产方式，乃至产品成本。假设公司采用传统的职能式生产流程，而它的竞争者采用流程导向型、准时制生产流程。那么公司所作的关于生产流程和成本的假设就全然无效。

传统上，许多公司都把逆向工程 / 拆卸分析法的使用局限于生产，目的是为了了解原材料价格、生产流程及其相关产品成本。现在，有些公司在竞争者产品分析中采用了更广泛的跨职能方法。它们希望更好地理解竞争者的整个价值链，包括设计和研发、原材料采购与内部生产、生产流程的性质、分销、营销、产品质量及客户服务意义。

客户导向型分析技术

公司一个重要的成功因素是创造出比竞争者更好的客户价值的能力。客户价值通常只有在产品质量、服务质量和基于价值的价格达到和超过了客户期望的时候才能实现，如图表 5 所示。

如果在这三个领域的任何一个领域不能满足客户期望，都会使组织陷入不能创造客户价值的境地。例如，如果组织的产品质量差或者服务质量差，那么价格就应该降低。如果组织为既定水平的产品和服务质量制定了过高的价格，销售就会受到影响。产品质量高而服务质量差也不会使客户价值最大化。

公司因忽略了这一点而付出沉重代价

图表 5　客户价值三元素

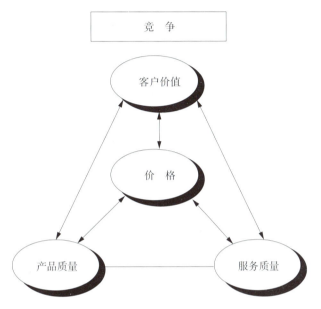

资料来源：加拿大管理会计师协会，1995。

《监控客户价值》，Hamilton, 加拿大管理会计师协会

的例子不胜枚举。例如，在 20 世纪 80 年代初，施乐公司就曾在客户价值三元素的三个领域中的两个领域存在问题。施乐复印机的质量没有下降。事实上，在市场地位衰落的时候产品仍在改进，新产品也在推出。

但是，施乐复印机较之竞争产品的相对质量在下降。竞争者不仅消除了技术差距，而且在某些产品线上超过了施乐公司，创造了自己的技术差距。因为施乐复印机

的相对质量下降了，所以就没有理由再定很高的价格了。客户就运用自己的经济权利，购买代表最佳价值的产品。

结果，施乐公司丧失了 50% 的市场份额，利润下降了 5 亿美元。施乐公司纠正了问题，使客户价值最大化，它又重新赢回了在行业中的领导地位。

组织采用多种竞争情报技术帮助确定本公司相对于竞争者的客户价值创造。其中一些技术包括：

- 客户价值分析；
- 价值链分析；
- 竞争标杆管理。

客户价值分析

在许多市场中，客户都认为低价格、高质量是理所当然的。在发达市场，乃至今后在发展中市场中，竞争的焦点就是无与伦比的客户价值。理解自己的竞争者在提供客户价值上所处的地位是竞争者分析和竞争情报的重要方面。

因为客户决定预期的收益和成本，所以客户对收益和成本的看法极其相关。要了解竞争者在创造客户价值方面做得如何，就必须评估竞争者的客户。

监控客户价值的工具和技术多种多样，其中包括客户联系、客户价值调查、客户价值分析和客户价值管理。

客户联系可以是被动的，也可以是主动的。被动的客户联系是指客户主动联系供应商，可能是联系销售人员，也可能是电话联系或书信联系客户服务部门；主动的客户联系是指组织主动联系客户，寻求客户反馈所未能显示的意见和信息。

客户价值调查是用于了解客户价值的较正式过程。例如，路德威快递公司（Roadway Express）每季度对 1 000 位随机选取的远程服务和零担货运服务用户进行

电话调查，目的是了解客户满意度和客户心目中的优质服务。访谈围绕五个重要维度，即：提供服务的能力、定价的竞争力、客户与运输提供商之间的互动、运输时间和对运输公司的总体满意度。公司根据这些维度比较各地区的绩效。

客户价值分析也是利用一系列工具更好地理解市场和客户的较正式的过程。如果应用于竞争者的客户，它就能使组织深刻理解竞争者在创造客户价值方面做得如何。

例如，一项重要的客户价值分析技术就是客户价值图。组织利用客户价值图说明客户如何在相互竞争的供应商之间作出决定。它表明哪些公司可能会赢得市场份额以及为什么。如果供应商的相对质量高且相对价格低，那么供应商通常就能赢得市场份额。

组织可以运用客户价值图比较自身和竞争者，还可以比较内部各产品和服务线的价值位置。图表 6 就是一组竞争者的客户价值图。该图把相对价值和价格信息综合在一个二维、四项的方格中。以 BMW-5 系列作为基线，比较各款豪华轿车的性能和价格这两个纬度。相对性能信息来自《消费者报告》的评级表；相对价格信息则是采用"市场感知价格曲线图"方法推导出的。

图表 6　客户价值图：豪华轿车

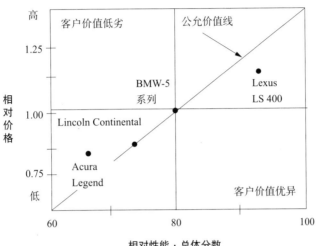

关于相对质量的信息基于《消费者报告》(*Consumer Reports*)的评级表，1993 年 4 月。

资料来源：Gale, 1994。

从客户价值图的左端底部到右端顶部划的这条线是公允价值线，它表示性能和价格的平衡点。位于公允价值线的下部和右边的竞争者处于赢得市场份额的位置；而位于公允价值线上部和左边的竞争者则处于丧失市场份额的位置。

人们认为 Lexus LS 400 的性能高，但价格也高；而 Acura Legend 的性能较低，但价格也较低。Lexus LS 400 更高的性价比实际上使它的客户价值比 BMW-5 系列更好；Acura 低性能、低价格的结合使它的客户价值较差。

客户价值管理是指尽可能多地搜集客户资料，然后进行汇总分析，使之变得有意义，成为管理过程的一个有机组成部分，用来推动组织行为。

例如，美利肯公司（Milliken & Co.）就始终坚信公司成功来源于无与伦比的客户价值。美利肯公司之所以能够在众多领域成为质量领袖、撷取溢价，一个主要的原因就在于自 1985 年以来，公司就定期系统化地考核全部五十多个经营单元相对于竞争者的客户满意度和客户感知质量。公司跟踪订货到交货的时间、准时配送、订单完成率等事项。美利肯公司的高管以两种方式使用信息，即为改进施加压力、为如何实施提供洞见。经营单元的经理们利用这些资料使美利肯的产品、服务和流程更加符合市场的需求。

价值链分析

价值链的概念是由迈克尔·波特（Michael Porter，1985）首先提出的，它可以用来表示向最终客户提供产品或服务所经历的活动链上的（与终端客户相关的）价值创造过程的一种方式。

波特把价值链描述为公司从事"产品设计、生产、营销、配送和售后服务"的内部流程或活动。他还指出："公司的价值链及其从事各项活动的方式反映了公司的历史、战略、战略实施方式以及活动本身的基本经济原理。"

John Shank & Vijay Govindarajan（1993）对价值链进行了比波特更广义的描述。他们提出："任何公司的价值链都是从供应商的基本原材料采购到终端产品送至最终客户手中的一系列价值创造活动。"这种描述把公司作为终端客户的价值创造过程整个链条的一部分。

组织不仅利用价值链分析一个行业的竞争优势的来源，而且利用它评估自身在提供客户价值上的独特竞争地位。例如，

价值链可以作为一个有益的竞争情报框架，把公司分解为不同活动，以便确定：

- 决定不同活动的成本及其相对重要性的因素；
- 为什么一个公司的成本不同于竞争者的成本；
- 公司及其竞争者在哪些活动上效率高或者效率低；
- 一项活动的成本如何影响另一项活动的成本；
- 公司或其竞争者应该从事哪些活动，应该退出哪些活动。

通过分析公司或竞争者如何为客户创造价值，以及通过系统地评估每项活动如何使公司不同于其他公司，价值链就能使组织把需求方和供给方的差异化优势来源匹配起来。

分解行业价值链能够揭示哪些活动对于竞争优势（或劣势）最重要（最不重要）。瑞士钟表制造商就是一个很好的例子。瑞士公司是规模较小的劳动密集型组装商，在 20 世纪 70 年代低成本、批量生产的手表来临之前，它持续许多年都能赚取丰厚的利润。它们对日益激烈的竞争的第一反应是行业重组，获得类似于全球竞争者的规模经济。

但是，它们没有意识到生产并不是它们的关键问题，因为这一系列活动只为最

图表7　价值链概念

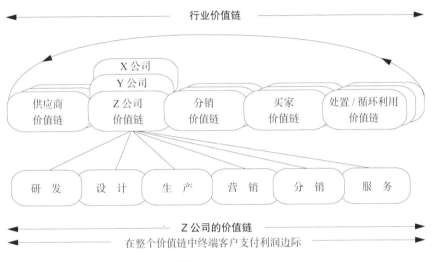

资料来源：Porter，1985。

终产品增加了很小一部分价值。更重要的是下游活动，即产品物流、营销和服务领域。价格低廉的手表还远远不够：瑞士必须降低分销和服务成本。它们最终的、也是获得了巨大成功的答案就是Swatch，它价格低廉、经久耐用，并且可以通过广泛的低成本渠道分销，从百货商店到折扣店，无所不可。

为了决定聚焦于价值链的哪些要素，公司必须首先确定客户是谁；他们希望从产品中得到什么；客户如何从诸多竞争者进行选择，即产品对客户的成本/效益是什么？

竞争标杆管理

竞争标杆管理是一种广泛应用的竞争情报技术。它包括组织认真研究其他组织的绩效，从而提高自身的绩效。标杆管理是一种客户驱动型的持续改进承诺，把客户价值需求与企业战略联系了起来。

标杆可以划分为两类：

- 考核什么；
- 考核谁。

在决定考核什么时，组织应该考虑以下三种类型的标杆：

- 战略标杆——衡量并比较一个公司在

行业中的相对地位以及公司职能和经营层面的绩效。

- 职能标杆——确定产品、服务和工作流程。它们通常涉及一个既定职能领域的具体经营活动，比如，生产、营销或设计。

- 经营标杆——找出存在职能绩效差距的理由。组织必须理解经营层面的这些标杆，以便确定弥补绩效差距所需要的正确行动。

在决定考核谁时，组织应该考虑以下三种类型的标杆：

- 竞争标杆——确定组织在行业中最强有力的直接竞争者的产品、服务和工作流程。

- 内部标杆——比较组织自身相似的流程、产品或服务。

- 类似标杆——比较自身与世界一流组织的绩效，这些组织虽然所处行业不同，但流程类似。

有效的标杆管理聚焦于公司各经营单元在生产高价值产品上的效果；而无效的标杆管理则只聚焦于职能性经营单元的流程的效率，而未认真分析这些流程应该为客户提供什么。

例如，AT&T 就建立了一个把标杆管理活动与推动绩效的流程联系起来的系统。在引导 AT&T 的经营方面，具体做法

是：

- 理解客户的需求和观念；

- 确定哪些流程推动了绩效，然后根据竞争者的实践在质量特征及子特征方面建立标杆，以推动客户价值和市场份额；

- 根据"最佳实践"建立流程标杆，以具备竞争地位。

有一点我们不应该忽略，即标杆管理的真正价值并不在于决定现有的绩效水平。如果组织根据今天的水平设定目标，那么它的绩效目标所针对的就可能是多年前制订的计划，只不过在今天才得以实现。标杆管理的真正价值在于它能使分析师确定竞争者未来可能的绩效水平。[3]

财务分析工具

财务实力显然影响公司的战略竞争手段，以及每条产品线或每个分部在其经营组合中发挥的作用。因此，如果没有深入的财务分析，竞争者评估就不完整。

在竞争情报中可以利用多种财务分析技术。虽然这些技术都有其局限性，但是在缺乏硬数据的情况下进行深入挖掘和分析也有助于公司理解竞争者的经济和财务特

---

3 如果希望了解更多关于标杆管理的信息，读者应该参照美国管理会计师协会的《管理会计公告——标杆管理》。

点、能力和潜在方向。财务分析技术包括：

- 传统比率分析；
- 可持续增长率分析；
- 分解式财务比率分析；
- 竞争成本分析。

传统比率分析

理解竞争者的财务状况和财务业绩，一般需首先进行财务比率分析。从年度报告、10K 表、证券交易委员会所要求报送的其他资料、邓白氏公司（Dun & Bradstreet）的信用评级、券商报告以及在线服务等公开渠道可以随时获得资料。

这些分析通常集中于理解公司的融资构成、资金在资产上的投资及在多个领域的运用，比如，企业增长；创造利润；提供满意的资产收益率、总资本收益率和股东权益收益率；创造现金等。组织可以利用分析决定历史模式和趋势，与本行业的竞争者及其他参与者进行对比。

传统型财务比率分析计量一个公司的历史财务业绩和在特定时点的财务状况。但是，这种技术也可以计量一个公司未来的竞争能力。它的财务结构可以表明公司筹集新资本的能力；它的历史资产管理绩效可以表明公司在未来如何管理资产；它的增长、盈利能力、收益和现金流的历史特征可以表明公司的市场份额、利用定价

作为竞争策略的能力、成本管理实践和能力以及公司再投资的能力。

财务比率分析具有其局限性。这种技术是历史性的：人们不能保证未来会像过去一样。更重要的是，它可能发生在汇总的层面，从而使人们难以理解具体业务、产品线或产品的绩效。这些比率还容易通过机会主义的会计实务来操纵。

可持续增长率分析

随着全球竞争的日益加剧，不同国家的财务报告要求也使人们无法或者很难进行有意义的竞争者比较财务分析。更有甚者，大多数财务分析工具都植根于过去，即没有几个是预测性的。但是优秀的竞争情报必须能够提醒组织竞争者可能的未来战略和行动。

可持续增长率（sustainable growth rate）分析是一种以未来为导向的动态分析，它可以使情报分析师评估公司的财务行为如何影响其增长能力。

可持续增长率分析提供了一种分析框架，它涉及公司的销售增长、盈利能力、资产要求及财务政策。它决定公司是否能够在不影响财务杠杆比率的情况下实现增长，或者如何在预测的增长率及其他关系的基础上影响公司的财务杠杆。

可持续增长率分析适用于广泛的财务

报告形式。它使人们可以比较不同时间的绩效，迅速确定竞争者战略中的各种要素，从而确定其优势和劣势。

为了计算可持续增长率，组织需要下列信息：

- 利息及税前收益；
- 资产总额；
- 利息；
- 股东权益；
- 税金；
- 股利。

图表 8 列示了根据盈利能力、资产要求和财务政策预测公司的可持续增长率的计算方法。一旦作了最初的计算，公司就可以利用可持续增长率分析模型确定盈利能力的提高、资产管理的改进、公司资本结构政策的修订及股利政策的变化等因素带来的影响。

分解式财务比率分析

从公开渠道获得的财务信息常常是基于整个公司的。为了理解竞争者各经营单元或产品线的经济特征和财务细节，有必

图表 8　计算可持续增长率

<table>
<tr><td>

资产收益率
（ROA）

A）$\dfrac{\text{EBIT}}{\text{销售收入}} = $ 边际收益

B）$\dfrac{\text{销售收入}}{\text{资产总额}} = $ 资产周转率

C）边际收益 × 资产周转率 = ROA

</td><td>

股东权益税前收益率
（ROEBT）

A）$\dfrac{\text{EBIT - 利息}}{\text{EBIT}} \times \dfrac{\text{资产总额}}{\text{股东权益}}$
　　= 边际收益

B）ROA × 财务杠杆 = ROEBT

</td></tr>
<tr><td>

股东权益收益率
（ROEAT）

A）$1 - \dfrac{\text{税金}}{\text{EBT}} = $ 税收影响

B）ROEBT × 税收影响 = ROEAT

</td><td>

可持续增长率
（SGR）

A）$1 - \dfrac{\text{税利}}{\text{EAT}} = $ 股利影响

B）ROEAT × 股利影响 = SGR

</td></tr>
</table>

计算可持续增长率的相关定义为：EBT = 税前收益；EAT = 税后收益；EBIT = 息税前收益。

资料来源：Harkleroad，1993。

要对一些数字进行分解。

例如，公司可以通过比较不同时期的成本变化与销售收入变化之比了解另一个公司的总体变动和固定成本结构及其平均贡献边际。如果销售收入增长了 6%，成本仅增长了 3%，那么平均贡献边际就约为 50%（假设各个时期的固定成本保持不变）。

为了了解竞争者各业务线的相对盈利能力和资产收益率特征，公司可以利用业务线报告分解竞争者的销售总收入，或许还可以分解经营收益和占用资产。公司可以从竞争者各业务线的财务数字开始，然后利用其他公司类似业务线方面的数据填补一些空白。

为了更好地理解经营子单元、产品线、甚至主要产品的财务特征，公司或许还能够分解总的财务报表。

竞争成本分析

为了在价格竞争中求得生存和发展，公司通常必须确立低成本的竞争地位。要获得竞争成本优势，一般要求拥有规模化生产、先进的生产技术、拥有低成本的原材料来源、靠近低工资的劳动力市场。

有些公司能够十分详细地估计竞争者产品的成本。从逆向工程 / 拆卸分析法入手，它们不仅能够确定竞争者产品的原材料价格，原材料是外购的还是自制的，还能确定生产流程是什么样的。然后，它们就争取获得供应商的报价、人工工资水平和估计耗时。为了估计其规模、使用年限及其他特征，它们甚至会参观竞争者的生产设施。如果有充足的时间和精力，公司就能确切地估计竞争者的产品成本。

最近，美国卡特彼勒公司（Caterpillar）面临着来自日本竞争者小松公司（Komatsu）的激烈竞争。进行了竞争成本分析之后，卡特彼勒公司得出结论，日本小松公司的成本比自己的成本低 30%。产生这种差距的主要原因在于日本小松公司高效的生产流程，而美国卡特彼勒公司则是较传统的职能式生产。根据这项分析，为了升级全部生产设施，美国卡特彼勒公司实施了一项重大的资本投资计划，称之为"面向未来计划"（Plant with A Future，PWAF）。

在工厂中，卡特彼勒公司把经营转变为流程导向型的，砍掉了产生巨大浪费的原材料处理过程，降低了存货水平，缩短了响应时间。由于竞争成本研究，公司变得更具竞争力。

作为竞争优势的来源，竞争成本分析不仅假设公司能够把低成本生产转化为相对竞争者来说较低的价格，而且假设具有价值意识的客户会从价格最低的供应商那里采购。

如果产品有差异，或者产品由其他产品和服务共同消费，那么这种等价就会瓦解。在这些情况下，可能很难确定行业中的哪个公司是成本领袖。成本领袖的确定可能取决于市场环境和客户特征。

行为分析技术

评估竞争者时，传统的竞争分析工具和技术只告诉了我们故事的一部分。关于产品特征、销售收入、成本和市场份额的量化资料十分重要。但是，它们却不能反映竞争者的文化和管理风格，以及竞争者如何保持员工的忠诚度。

"管理者是什么样，公司就是什么样"，这条公认的真理表明主要管理者对公司目前的绩效和未来的方向具有重大影响。尽可能地了解管理者能为我们提供关于公司未来行动的线索（通用电气的杰克·韦尔奇和微软的比尔·盖茨就是例证）。

组织在发展竞争情报中可以利用的一种行为分析技术是随影分析法。

随影分析法

随影分析法（shadowing）是指尽可能多地了解竞争公司的管理者：他们所受的教育、背景和经历、以前的行动、历史记录，以及他们聘用的人（背景、经理和历史记录）。理解竞争者的管理层有助于公司预测竞争者可能采取的行动。

例如，考察一个竞争者的首席执行官的职业生涯就可能揭示他（或她）的优势和劣势。如果这个首席执行官从未为其他公司工作过，那么他（或她）就可能对其他公司如何管理知之甚少。在一个职能领域专业化可能意味着首席执行官会忽视其他领域。

公司还可以通过考察它所吸引和流失的高管来了解竞争者。如果高级生产经理和高级研发经理都在同一年离开了竞争者，那么可能是因为他们无法说服公司考虑技术优先权。而该公司营销和市场经理之间的权力则处于平衡状态。

随影分析法表明公司必须主动先于竞争者的日常行动一步，而不是被动等待财务报表的定期发布。公司必须经常从客户及市场中的其他人获得反馈；跟踪产品引进、价格变化及其他行动；监控资本投资活动；联络供应商及其他可能与竞争者有联系的人。实际上，为了尽可能多地获得关于竞争者的信息，分析并采取必要行动，公司必须明察秋毫。

八、实施竞争情报系统

实施竞争情报系统需要大量时间和精力，或许需要3~5年。

要成功实施竞争情报系统，组织必须采取下列主要步骤：

- 建立环境；
- 确保高管支持；
- 选择团队、团队领袖和团队过程支持者；
- 进行需要评估；
- 建立竞争情报框架；
- 建立管理体制、确定管理地点；
- 争取主要使用者的参与；
- 教育员工、争取员工参与并激励员工；
- 建立存储和检索系统；
- 实施反情报程序；
- 评估竞争情报流程。

建立环境

建立环境时，应该问的一个关键问题是："竞争情报系统的使命应该是什么？"使命可以是信息型的，也可以是进攻型的或者防御型的。大多数公司都是综合这三种类型。信息型使命提供对一个行业及其竞争者的一般理解；防御型使命试图确定可能威胁公司市场地位的竞争者的潜在行动。

进攻型使命试图确定竞争者的弱点或者评估战略行动对竞争者的影响。例如，在通用电气公司的带领下，有很多家公司都支持"在所有业务领域都做第一或者第二"的经营理念。为了实现这个目标，公司定义了所占领的业务领域或者希望占领的业务领域，确定它的竞争者是谁。然后以竞争者为标杆考核绩效，从竞争者手中争夺更大的市场份额。

确保高管支持

为了在整个组织发挥作用，竞争情报系统要求高管的全面支持。高管必须全面支持竞争情报流程，积极参与，并通过其行动表明对竞争情报系统的承诺。

赢得信誉和高管支持的一种方法是从能较早体现出效益的产品线或业务领域开始。

选择团队、团队领袖和团队过程支持者

竞争情报系统需要一个核心，要么是一个人，要么是一个群体。例如，有些组织建立了一个团队，负责设计、开发、实施和维护其竞争情报系统。

团队成员通常代表各种各样的专业领域：营销、生产和配送、产品开发、财务和会计。为了了解竞争者并根据其行为和方向制定战略，组织必须了解自己企业的各个重要方面。竞争情报团队的跨职能成员提供了全面了解竞争对手所必需的经验和技能。

对于选择建立竞争情报团队的组织而言，选择忠于使命的、强有力的团队领袖很重要。例如，花旗银行就设置了一个管理者职位，它的职能头衔是竞争情报经理。这个人是在整个公司实施竞争情报系统的最终负责人。

竞争情报工作显然要求明确的领导。高管应该成为竞争情报流程的支持者，以不断推动竞争情报系统的发展，把高管的利益与竞争情报团队领袖和成员的利益联系起来。

进行需要评估

实施竞争情报系统有时可能是势在必行的任务。公司经常需要对大量令人费解的信息进行组织。可以通过"情报概览"来确定什么是最需要的信息。需要评估由三部分构成，它考察组织真正的竞争情报需要、满足这个需要的资源及收发信息使用的沟通渠道。

进行需要评估可以帮助负责竞争情报系统的团队集中精力。需要评估还有助于明确哪些人必须支持情报工作，既包括供应商，也包括使用者。更重要的是，需要评估还可以明确哪些信息领域已经存在、哪些需要发展，藉此缩小竞争情报系统的规划和设计范围。

建立竞争情报框架

许多人都可以从各种渠道搜集海量资料，并最终形成竞争情报。但是，这种行为也可能只会造成"资料混乱"而无任何裨益。组织必须为资料搜集建立一个基本框架，这些资料可能成为信息，并最终形成情报。这个框架应该基于公司主要决策者的需要、客户期望和竞争者的潜在能力。

为了确保组织搜集的关于竞争者的资料适当，它必须了解到底是什么在驱动客户行为。如果客户想要或者需要某些性能，那么组织就必须搜集竞争者的相关资料，提供这些性能。对于其他特点，比如，响应时间、客户服务和价格，人们对如何评估和监控客户价值了解得越来越多。了解了客户价值的驱动因素，就为建立竞争情报系统奠定了基础。

组织应该思考，到底竞争者的哪些特点使其获得成功，然后把这些特点纳入资料搜集框架中。

建立管理体制、确定管理地点

竞争情报系统的一个主要构成部分就是管理程序和管理体制的设计。一般的竞争情报系统要回答以下几个问题：向谁报告？谁接收信息？集中式管理还是分权式管理？

这些问题的答案取决于什么最有利于公司。例如，西南贝尔公司就通过建立两个竞争者分析团队而把情报搜集过程制度化了。一个团队服务于公司的市场人员，另一个服务于销售人员。

在中小型公司中，竞争情报系统最好由总裁或者负责营销的副总裁主管。由总裁主管有几个好处。总裁可以把资料融入更大的背景之中，迅速把信息纳入政策决策。由营销副总裁主管的好处则在于他们可以与竞争情报团队保持更密切、更经常的接触。

争取主要使用者的参与

让竞争情报系统的主要使用者尽早地参与这个过程以反映其愿望和需要是十分重要的。如果没有负责产品线引进或新产品开发人员的早期参与，竞争情报系统就不太可能满足其需要，赢得其支持。

组织可以询问主要决策者，他们所作决策的性质是什么以及需要市场和竞争的哪些信息，藉此确保发展方向正确。让这些人员参与还有助于确保他们成为善于接纳资料的听众。

教育员工、争取员工参与并激励员工

竞争情报与其说是一种流程，不如说是一种产品。作为一种思考、沟通和行动的方式，它必须融入组织管理中才能真正发挥作用。要使竞争情报融入组织中，就必须在整个组织开展大量培训。员工必须了解竞争情报系统的基本原理。他们必须感知自身所遇到的竞争信息的有用性。最后，还必须激励每个员工积极参与竞争情报系统。

组织需要教育员工哪些是可能的信息来源，以及如何沟通才能使竞争情报发挥作用。只有人人参与，竞争情报系统才能发挥作用。

另外，组织为员工提供所需要的基础和技术以便按照法律和道德的要求搜集竞争情报，这点也很重要。违反道德的行为会迅速转化为经济上的损失。

竞争情报系统的另一个关键构成部分是激励。组织的所有成员，从总裁到一般保管员，都是有价值的情报人员。一般而言，公司所需要的70%~80%的情报都来源于员工，这些情报是他们在与供应商、客户及行业其他人员打交道的过程中搜集的。组织必须激励这些员工为竞争情报工作作出贡献，传递所需信息。

掌握信息的员工经常无法找到需要信息的人，或者最初不知道哪些信息重要。为了使情报显而易见，组织就必须激励员工、增强员工意识。竞争情报系统的关键是：

- *激励*——没有提供个人利益的激励，员工就会缺乏参与情报工作的动机。许多公司通过通讯、电子邮件或竞争者信息公告板提供信息反馈，藉此激励员工作出贡献。其他公司则对向管理者提供了重要市场和竞争者信息的员工颁发奖励。

- *意识*——即使在员工乐于向管理者提供重要信息的士气高涨的组织中，个人也必须了解哪些信息重要，以及谁需要它。公司可以通过多种方式唤醒并增强员工意识。例如，施乐公司的复印机团队就经常通过公告板和展板在整个组织"广播"竞争者信息。例如，在一个长廊中，竞争评估团队就张贴了竞争者的报纸广告，以增强员工对竞争产品、性能和价格的意识。该团队还把竞争者的复印机安在员工餐厅内，从而让约 7 000 名员工，包括销售主管、工程师和采购人员，实际触摸和感受竞争产品。

建立存储和检索系统

实施竞争情报系统的核心是有效的数据存储和检索系统。如果数据在组织的多个点搜集，但并未按系统化的方式整合，那么公司就不会从系统化思考和决策中获得更多好处。如果数据被集中到一个地点，

但却只是不连续的数据点的堆积，那么竞争情报系统也不会充分发挥其作用。

科技，包括数据管理软件和网络，能够合并和保留在多个地点输入的数据，并根据需要在整个组织散发。

采用数据库技术的组织应该尽力简化存储系统。如果系统有过多华而不实的特性，就难以组织或检索信息。竞争情报系统的管理者应该不断询问自己采用怎样的数据库才能增加价值。如果数据库不能加速分析，或者不能帮助管理者制定决策，就不应该建立。

实施反情报程序

对于某些组织而言，反情报是一个比发展竞争情报更紧迫的挑战。本杰明·杰莱德[4]称，有效的竞争情报战略能尽可能多地获得关于其他公司的信息，而且不会泄露本公司的信息，同时还可以有效保护自己的信息。公司必须保护自己的保密信息，确保员工理解保密对维护竞争地位的重要性，防止竞争者获取关于自己的情报。

信息盗窃和信息窃听之类的非法活动很少发生，但的确有可能发生。例如，法

---

4 本杰明·杰莱德（Benjamin Gilad）是一位情报专家，曾任以色列警察局的情报部门主管。他出版了多部关于竞争情报的书，还撰写了大量关于竞争情报的文章。

国情报人员于 1993 年承认曾窃听法国航空公司的头等舱，以便从美国高管那里发现一些秘密。据西门子公司的国防电子设备部称，工业和金融间谍每年给德国造成 600 亿～1 400 亿德国马克的损失。

一般的反情报系统包括两个部分，即：技术措施和人为因素。

- 技术措施——反情报系统包含多种保护数据的物理安全措施，其中包括：
  - 处置保密信息的设备，比如碎纸机 / 焚化炉；
  - 安全专家定期检查电话窃听；
  - 根据敏感性对数据分类、限制计算机终端接入，以及使用加密设备传送敏感数据，从而保护计算机中的秘密；
  - 对新员工进行背景审查。

- 人为因素——虽然专门设计技术和物理安全措施用于阻止非法间谍，但是要防止遵照法律和道德要求搜集的情报的泄露，关键是要注意人为因素：
  - 教育员工，包括提醒员工不要在公开场合讨论业务；
  - 在员工合同中增加保密条款，严惩间谍、内部人泄密及离开公司的员工在别的工作中使用商业秘密，藉此树立严格、坚决的形象和声誉。

评估竞争情报流程

一旦组织启动了竞争情报工作，就应该在多个层面上评估竞争情报流程。第一个目标是为了告诉组织竞争情报的重要性，并赢得人们对这个概念的承诺。组织也能从总体上感受到这个目标是否实现了。另外，组织也可以调查员工，确认他们是否更多地了解了竞争情报的重要性。

第二个目标是争取整个组织对资料搜集及随后各项活动的参与。同样，在这里，组织也可以评估活动水平和贡献资料的员工人数提高了多少。

第三个目标是，组织应该寻找关于竞争者的分析和信息增加的证据，比如，报告及时、报告详细、展示及其他沟通形式。它还应该寻找竞争情报在包含竞争元素的关键管理决策中的应用迹象。最终的检验是组织是否真正变得更具竞争力，即市场渗透和盈利能力提高了。

九、组织和管理会计挑战

对于许多公司而言，设计和实施竞争情报流程就表示管理中心的重大转变。组织必须从强调历史、财务、内部导向型的信息转向强调市场、质量、未来以及市场力量及竞争者的信息（即它们在哪儿、它们能做什么、它们可能做什么、什么才是正确的反应或先发制人的行动）。即使已经认为自己是以市场为中心的组织也可能需要采纳一种不同的竞争观点，以便真正了解它们，以及它们能做什么。

建立并实施这种文化转型必须从高管开始，必须不断得到高管的支持。如果他们深刻理解了竞争者，向其询问一些关于竞争者的问题并强调超过竞争者的重要性，那么管理者就能使整个组织的员工理解建立先发制人的竞争情报系统的重要性。赢得高管的持续参与和支持是极其重要的第一步，往往也是艰难的第一步。

管理会计师的挑战是把自己的能力应用在竞争情报等新的重要领域。传统上讲，他们把大多数技能都应用在了内部的、以往的财务数据和在很大程度上基于成本分析的管理决策上。管理会计师越来越需要参与新的分析领域，往往是涉及市场和竞争者的外部问题。

十、结束语

面临着客户需要、竞争者提供的产品和服务以及公司自身的产品和服务的不断变化，企业要想获得成功，就必须始终站在各种关系的最前沿，并相应地作出反应。如果不能监控竞争者的产品和服务，就如同在黑暗中经营。

在一个不断变化、竞争激烈的市场中，如果公司建立了成功的、先发制人的竞争情报系统，就会以最快的速度、最明智的决策对市场和竞争者的变化作出反应，因而，从长期来讲，这样的公司也应该能够获得成功。

参考文献

Bowman, Cliff, and David Faulkner. 1994. "Measuring product advantage using competitive benchmarking and customer perceptions." *Long Range Planning*. February, pp. 119-132.

Collis, David J., and Cynthia A. Montgomery. 1995. "Competing on resources: Strategy in the 1990s." *Harvard Business Review*. July/August.

Fuld, Leonard M. 1995. *The New Competitor Intelligence: The Complete Resource for Finding, Analyzing and Using Information About Your Competitors*. New York, NY: John Wiley & Sons.

Gale, Bradley T. 1994. *Managing Customer Value: Creating Quality and Service That Customers Can See*. New York, NY: The Free Press.

Gilad, Benjamin, and Tamer Gilad. 1988. *The Business Intelligence System*. New York, NY: American Management Association.

Gilad, Benjamin, George Gordon, and Ephraim Sudit. 1993. "Identifying gaps and blind spots in competitive intelligence." *Long-Range Planning*. December.

Gordon, Ian. 1989. *Beat the Competition: How to Use Competitive Intelligence to Develop Winning Business Strategies*. Basil Blackwell Inc.

Hamel, Gary, and C.K. Prahalad. 1989. "Collaborate with your competitors—and win." *Harvard Business Review*. January/February.

——. 1994. "Competing for the future." *Harvard Business Review*. July/August.

Harkleroad, David. 1991. "Intelligence insights from component cash flow analysis." *Competitive Intelligence Review*. Fall.

——. 1992. "Competitive intelligence: A new benchmarking tool." *Management Review*. October.

——. 1993. "Sustainable growth rate analysis: Evaluating worldwide competitors' ability to grow profitably." *Competitive Intelligence Review*. Summer/Fall, pp.36-45.

Jacobi, Gary. 1992. "Financial tools for competitive analysis." *Competitive Intelligence Review*. Summer.

Porter, Michael E. 1985. *Competitive Advantage*. New York, NY: The Free Press.

Prahalad, C.K., and Gary Hamel. 1990. "The core competence of the corporation." *Harvard Business Review*. May/June.

Shank, John, and Vijay Govindarajan. 1993. *Strategic Cost Management: The New Tool for Competitive Advantage*. New York, NY: The Free Press.

【孟焰、孙航审校】

科技支持

题 目

理解并实施
互联网电子商务

鸣 谢

本准则经美国管理会计师协会管理会计委员会批准发布。美国管理会计师协会感谢安达信会计师事务所财务解决方案中心的竭诚合作；感谢起草者巴布森商学院 C.J. McNair 博士（CMA）的辛勤工作。此外还要特别感谢安达信的知识创造经理 Randolf Holst（CMA，加拿大）在本准则制订过程中始终如一的监督和指导；感谢美国管理会计师协会的会员为本准则所作的贡献。

Published by
Institute of Management Accountants
10 Paragon Drive
Montvale, NJ 07645
www.imanet.org

IMA Publication Number 00353

The Association of
Accountants and
Financial Professionals
in Business

科技支持

理解并实施互联网电子商务

目　录

The Association of
Accountants and
Financial Professionals
in Business

一、引言

互联网已经成为世界上新商业模式的基础。建立在电子数据交换（EDI）基础上的互联网电子商务，正在把未来化为今天的现实。在纸张长期以来居于主导地位的世界里，虚拟空间的电子信号正在成为组织内部及组织之间最理想的沟通媒介。对计算机了解越来越多的消费者，开始转向互联网寻找和购买商品和服务。作为丰富的产品和公司信息来源，互联网正在帮助那些善于利用它的组织向客户提供更好、更快、更廉价的商品和服务。媒体的频繁报道、华尔街对技术领域日益浓厚的兴趣，以及源源不断的产品发布，都激发了公众对在线现象的日益关注。

互联网电子商务正在重新定义行业价值链，并且使创造动态竞争环境的时间和空间范围缩小。作为强有力的信息与交易新流通渠道，互联网正在取代历史上在公司与客户之间牵线搭桥的中介机构。随着价值链中诸多环节的取消，公司对最终客户的反应越来越快，买卖双方实际上可以实现即时沟通。

随着全球经济越来越虚拟化，上市公司和私营企业的高管面临着严峻的挑战。新数字市场的发展必将替代老化的、过时的商业模式。整个经济基础很可能会发生永久性的变革。如果组织跟不上这种发展变化，其影响力逐渐变小的风险就会越来越大。高层领导必须了解这种新兴的、日益复杂的互联网电子商务环境，才能登上全球竞争（或者国内竞争）的舞台。

二、范围

本准则供财务人员及在组织中领导或参与实施互联网电子商务的其他人员参考。本准则讨论的概念适用于：

- 大型和小型组织；
- 各行业中的企业。

本准则聚焦于旨在解决全球互联网在商品和服务的采购和销售（包括售后服务）方面所使用的 B2B 和 B2C 技术。这里的重点并不包括"企业内部"技术，比如协调工作组织间的沟通和电子信息发布的企业内部网。

本准则的信息有助于财务人员及其他相关人员：

- 理解互联网电子商务的基本原理；
- 了解互联网的主要性能；
- 了解各种电子商务模式；
- 确定互联网电子商务对于本组织的用途和好处；
- 建立规划和管理互联网电子商务实施的框架；
- 了解财务人员在互联网电子商务实施

中的职责和作用；

- 增强员工意识，争取员工对互联网电子商务系统的支持。

虽然本准则不能让您全面了解这些概念，但是它所包含的信息可以作为探索和实施互联网电子商务的起点。本准则将围绕核心思想进行阐释，让财务和经营人员基本了解互联网电子商务及其在组织中的应用和独特挑战。

三、管理会计的作用

在任何影响或改变组织交易流程的措施中，财务人员都应当发挥核心作用。保护公司、客户和公众的隐私一直以来都是财务人员教育和从业中的关键要素。在互联网电子商务中，这些责任被赋予了新的含义。

未来最成功的财务总裁将是那些最善于利用技术的人。为了成功地履行其作为财务人员的职责，他们必须能够用商业语言说明他们技术的需要是什么，还必须用新技术标准方面的知识来武装自己，以便在制定公司战略时能够发挥积极主动的作用。他们必须了解信息高速公路、电子商务发展的影响，以及虚拟整合所创造的价值。

在基于互联网电子商务的战略设计和

实施中，财务人员应该发挥重要作用。由财务控制或因财务引起的许多内部交易都受到环境和商业变化所带来的影响。

管理会计师在互联网电子商务中的主要职能包括：

- 作为推进电子商务的积极主动的领导者；
- 确定组织在哪些领域可以从信息自动化中受益；
- 查找现有交易处理系统中可能抑制互联网电子商务安全或效果的缺陷；
- 参与开发有助于内部电子商务竞争能力发展的商业案例；
- 了解现有和潜在软件模型有哪些可用于实施电子商务；
- 帮助建立一系列战略和经营绩效指标（既包括财务指标，又包括非财务指标），用来指导互联网电子商务实施和利用中的管理决策；
- 评估审计风险，并建立内部控制或程序，以减少其对企业、商业伙伴和客户的影响；
- 参与互联网电子商务项目和实施团队；
- 协助确定哪些领域的非集成数据可能妨碍电子商务措施；
- 协助寻找组织在实施互联网电子商务解决方案过程中面临的问题及解决方案，比如需要多个服务器和数据库支

持管理层分析和决策；

- 做电子商务的支持者，支持内部专家的成长，以便成功应用电子商务技术。

由于组织内部和组织之间均以交易性活动为中心，财务人员在任何互联网电子商务的实施和利用中都发挥着重要作用。财务是交易可靠性和完整性的保障。如果没有财务人员的积极参与，安全问题就会演变为系统故障。但是，财务人员不仅仅是"警察"，还应该是互联网电子商务项目中的思想领袖。电子商务项目对财务而言，意味着一个为组织增值、从而使各利益持有者都直接受益的机会。

四、互联网电子商务的定义

互联网电子商务的定义方式多种多样。例如，电子商务可以定义为买卖双方在有明确买卖意向的前提下进行的一系列交易及交易后活动。这种电子商务定义涵盖一系列不断发展变化的技术设计、技术实施和业务流程重组。

互联网电子商务的高阶定义很简单，即：组织或个人主要利用电子（互联网）方式从事经营活动。"从事经营活动"实际上就是指一系列的买卖活动，主要是如图表 1 所示的特定商品或服务。

图表 1　电子商务：什么是电子商务

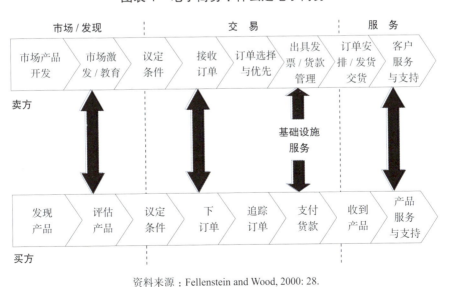

资料来源：Fellenstein and Wood, 2000: 28.

按照欧盟欧洲委员会的定义，互联网电子商务是指"通过电子方式从事经营活动"。其中包括供应商、客户、政府机构及其他企业之间为了从事经营、管理和消费活动而通过电子手段（比如电子邮件或短信、万维网技术、电子公告牌、智能卡、电子资金转账以及电子数据交换）共享各种形式的商业信息。

正如企业和企业交易多种多样一样，人们对互联网电子商务的看法也各有不同，其中包括：

- 通讯观：互联网电子商务就是通过电话线、计算机网络或者其他任何电子数据交换方式传送信息、产品/服务或款项。
- 业务流程观：互联网电子商务就是运用技术促进商业交易和工作流自动化。
- 服务观：互联网电子商务就是一种满足组织、客户和管理者既削减服务成本又提高商品和服务质量、加快服务提供速度的愿望的工具。
- 在线观：互联网电子商务为人们提供了通过互联网及其他在线服务买卖产品和信息的能力。

电子商务是一个系统，它不仅围绕直接创造收入的商品和服务买卖活动展开交易，而且有助于创造新的收入，比如：刺激商品和服务需求、提供销售支持和客户服务，或者促进商业伙伴之间的沟通。互联网电子商务一般分为两大类，即：企业间电子商务（B2B）和企业对消费者电子商务（B2C）。理解这些模式很重要，因为电子商务采用的方式依组织的交流对象不同（是企业还是个人）而变化。

企业间电子商务是指公司间产品和服务的销售以及通过集成实现系统自动化。这类电子商务一般涉及供应商、分销商、生产商、商店等。大多数交易直接发生在两个系统之间。例如，假设一家飞机公司希望制造飞机。制造飞机需要大大小小的供应商提供零部件。电子商务的目的就是实现整个供应链的自动化。图表2的上半部分说明了企业间电子商务的一般模式。这一模式将间接供应商、直接供应商、货物运输及分销系统联系起来。

戴姆勒—克莱斯勒公司就是企业间电子商务的一个例子。克莱斯勒公司的20 000多家零部件、包装和技术供应商都依赖克莱斯勒公司通过"克莱斯勒公司供应合作伙伴信息网"（SPIN）发布标准、共享关键软件应用。SPIN网是通过互联网分发文件的供应链管理与支持环境。有3 500多个供应商经营场所都可以登陆克莱斯勒的SPIN网站。12 000多个用户可以使用《克莱斯勒EDI指南》或者QS9000认证政策和程序之类的信息。他们还可以使用动态

图表 2　企业间和企业对消费者电子商务

企业对企业

企业对消费者

1 号间接供应商　　2 号间接供应商　　3 号间接供应商

直接供应商

运输提供商

公　司　　←　政府

生产商　　←　金融机构

销售　信息技术　营销　服务

分销　电子　商店

联邦快递　→　顾客

资料来源：Korper and Ellis, 2000:7.

数据库应用，比如：实时数据、采购分析和战略应用。

　　企业对消费者电子商务是指公司与其消费者之间的互动和交易。其核心是向消费者销售商品和服务。像戴尔、亚马逊和易趣之类的公司，主要是通过互联网向消费者销售产品。图表 2 的下半部分就说明了企业对消费者电子商务的一般模式。

　　在企业对消费者市场中，有成百上千家电子商务网站都获得了巨大成功。这些公司探索创新方式，在互联网上销售产品和服务。例如，Infoseek 允许访问者在线搜索电话簿、黄页和电子邮件地址。一旦通过这种服务找到了某个人，就可以给他（或她）送贺卡或鲜花，甚至可以通过特定运营商直接打电话。所有这些交易都是在线进行的。

五、电子商务网络基础设施

电子商务领域的应用依赖于网络基础设施，如图表3所示。网络基础设施包括信息传输所需要的媒介，它包括互联网以及有线电视、电信网络和公司专用网络。

如图表3所示，电子商务的构成模块包括支持电子商务购买循环的第三方服务（如数字现金）、电子商务应用和浏览器 / 服务器子系统（如增值网络）。

我们可以采用一种稍微不同的方式，将这些模块看做共同创造互联网电子商务

的电子环境的三个基本构成要素，即：客户浏览器、网络服务器和第三方服务。客户浏览器包括本地数据或公司数据、核心网络浏览器（如美国在线）和浏览器扩展（如雅虎）。网络服务器所支持的基础设施功能包括信息检索、数据与交易管理和安全信息交换。最后，大量第三方服务使整个网络得以运行。这些第三方服务包括数字化文件库及相关数据服务器、第三方信息处理工具和服务，以及电子支付服务。没有一个电子市场要素能单独定义互联网电子商务。正是这些要素结合而成的集成系统才是它的本质特征。

图表3　电子商务模块

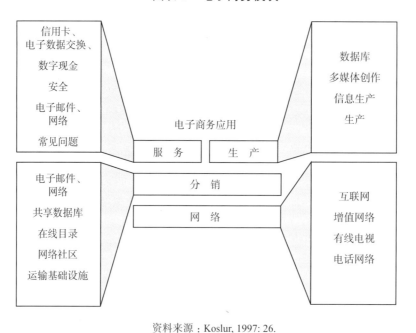

资料来源：Koslur, 1997: 26.

重要的是，我们必须充分理解，互联网电子商务不仅仅是建立新数据库管理系统、数据仓库、计算机语言、基于软件代理的交易监控或者通信协议，它是综合公司和社会现存的各种资源，以促进数据和软件集成、提高绩效的一种信息架构。

六、实施互联网电子商务的好处

成功实施企业间电子商务为公司带来的好处引人注目。企业间电子商务的有效实施能够帮助组织实现大幅度的成本节约、增加收入、加快交付速度、降低管理费用，并且能够改进客户服务。

这些好处促成了高额的投资回报。最重要的好处就是管理简化、经营时间增加、信息更准确、响应时间缩短，以及失误减少。此外，它还减少了花费在文书工作、电话、传真以及追踪记录所有信息的时间。例如，人工处理采购订单的成本一般为75~125美元。电子商务提高了自动化水平，成本可以降低到3美元左右。组织可以聚焦于通过地域扩张、改进销售渠道、增加服务和扩大市场份额来实现收入增长。

此外，确定当前存货水平、商品的运输状况及总成本也变得很及时。因为信息是任何一个企业成功的关键，所以组织可以对现有存货、运输成本与运输方法、采购模式和分销渠道实施管理。

企业对消费者电子商务销售为全天销售产品和服务、降低零售空间、人员和物品方面的成本以及扩大市场份额提供了极好的机会。小企业可以与较大的组织展开竞争。最重要的优势包括知名度提高、创立品牌的机会、直接创造收入、吸引新客户，以及向全球发展企业。

福瑞斯特研究公司（Forrester Research Inc.）关于金融机构的一份研究中估计，利用网络服务，公司平均为每个客户的每次网页咨询支付的成本仅为0.40美元，而每个电话的成本则为1.44美元。福瑞斯特公司指出，转向互联网服务，能使公司多处理1/3的服务咨询，而成本仅为原来的43%。这不仅节省了成本，而且为客户提供了更大的便利，使他们在需要时能立即获得帮助。

虽然电子商务的目标是改进成本、关系、渠道、流程和股东价值，但是如果不能定义和计量这些好处，电子商务也很难赢得高管的支持。对于财务人员来说，关键是建立计量指标来计量这些好处，为考核组织绩效提供标杆数据。这些指标可用于编写最初的商业案例，衡量实施互联网电子商务带来的绩效改进成果。最后，需要回答的问题不是"为什么实施电子商务"，而是"为什么不实施"。实施电子商务既能为实施者带来短期收益，又能带来长期回报，还能为未实施者建立竞争壁垒。

唯一值得提的问题是"什么时候"应该实施互联网电子商务，而不是"是否"应该实施。

七、互联网电子商务商业模式

电子商务技术正在推动建立新的商业模式，促使公司发挥新的作用。一些电子商务模式正在改变创造价值的方式。实施电子商务的组织必须采用其中一种或多种模式。每种电子商务模式都在企业对消费者和企业间环境中实施。这些商业模式互相并不排斥。最成功的电子商务组织同时采用多种商业模式。电子商务模式包括：

- 电子商务网上商店；
- 信息中介；
- 信托中介；
- 电子商务服务商；
- 基础设施提供商。

电子商务网上商店

电子商务网上商店模式，是指利用现有及新的数字市场渠道从事贸易、创造利润、获取价值的企业间或企业对消费者电子商务领域的实体。电子商务网上商店通常都有 com 标识。

电子商务网上商店是产品或服务的传统销售在网络实现的一种在线模式。类似于行业的其他商店，电子商务网上商店也向购买者提供最终的采购平台。它们还能使所有者实现交叉销售和上行销售、保持高额利润，最重要的是，通过它降低交易成本压缩了价值创造系统。

但是，正如电子商务网上商店重新定义了消费者价值链一样，它们对企业间电子商务模式具有更深远的影响。电子商务网上商店创造了新市场和品牌，驱除了交易过程的摩擦并消除了信息不对称，藉此为从事企业间电子商务服务的企业创造了前所未有的价值。

从某种意义上讲，Amazon.com、E*Trade、Onsale、eBay、Dell 和 Bluefly 都属于电子商务网上商店。它们代表了网络与电子商务的结合，如图表 4 所示。

由于意识到电子商务中的新机会，戴尔这家电子商务网上商店将注意力转向了如何用互联网改进其直销方式的问题。公司对其网站的固定客户和临时访问者进行了一项调查，以确定他们最需要什么。答案是准确、有效的技术支持。从此，这就成了网站的首要任务。

戴尔开始扩展已经很丰富的技术支持信息数据库，将其搬到了网站上。如果客户的计算机不能识别硬盘或者不能与调制解调器建立连接，就可以输入问题的简要描述，确认所使用的零部件，立即浏览戴

图表 4　电子商务网上商店

电子商务网上商店是电子经济中的商店。当终端用户需要购买什么东西时，他们就有可能去电子商务网上商店。

提供

- ➤ 产品（提供产品、接受订单）
- ➤ 服务（配送产品、客户服务和支持）
- ➤ 内容（产品和服务信息）

目标客户

- ➤ 特定领域的市场和消费者

经营活动

- ➤ 提供独立的网络产品、服务和内容，以电子经济模式分销

要求具备的竞争力

- ➤ 多重关系管理
- ➤ 迅速建立/解除关系的能力
- ➤ 健全/灵活的基础设施与发展计划
- ➤ 适应不断发展变化的挑战/机会
- ➤ 不断创新产品和客户服务

目标

- ➤ 在目标市场占据主导地位

收入流

- ➤ 产品/服务利润
- ➤ 广告

尔的问题解决手册。

　　戴尔的互联网电子商务商业模式依赖下列三个特性：

- 使用客户语言的信息技术系统，这种语言是用户友好型的，即使新手也可

以应用。

- 与业务流程全面整合的互联网电子商务——如果没有各项职能之间的无缝连接，戴尔就不能提供客户想要的东西，即：检索信息、采购、建立新的硬件系统、快速提交订单、准确处理订单以及接收完好产品的能力。

- 帮助客户解决问题的在线支持能力——戴尔的用户可以为自身的问题提供个性化解决方案。

信息中介

　　信息中介是指能够提供内容、信息、知识或经验的企业，它可使一项电子商务交易增值。它们也被称为内容管理商。信息中介为买卖双方牵线搭桥，通过以咨询形式提供内容、个人服务或者其他利益来提供价值。信息中介可以作为潜在购买者的信息汇集者，也可以作为购买者的代言人。

　　电子商务网上商店有存货流转，而信息中介一般没有存货，它们必须依赖合作伙伴才能成功。从经营角度讲，信息中介注重建立大量合作伙伴关系、持有丰富的内容并向买方宣传其网站。佣金、广告和租赁交易以及供应方订阅是一般的创收方式。

　　信息中介既有像雅虎之类的门户网

站，也包括正在网上开拓独特市场的初创网络公司，比如，旅游信息管理商 Travelocity 或 Expedia。信息中介所采用的商业模式种类繁多，极富创造性。例如，Instill 就是餐饮和食品服务的一个虚拟订购服务台，它接受订单后把订单转给生产商和服务提供商，以此收取交易费或佣金。其他信息中介还包括 Autoweb.com 之类的网站、GetSmart.com 和 E-Loan 之类的信贷机构，以及 InsWeb 之类的保险服务机构。

信息中介旨在成为无数买家和卖家之间的联络人。其主要动力在于：一旦信息中介聚集了一定数量的买家和卖家，更多的人就会蜂拥而至登陆网站。例如，Autobytel.com 就是为人和汽车提供服务的信息中介。Autobytel.com 的经营宗旨就是让潜在的汽车购买者使用自己所需要的数据，选择适合自己的汽车。然后 Autobytel.com 就在这些人与汽车经销商之间建立联系，汽车经销商一般都不议价，但价格极具竞争力，且能在 1 小时之内提车。Autobytel.com 拥有一个由 2 700 多家经认证的汽车经销商构成的网络，这本身就是公司智能化信息运用的一种证明。公司的商业模式依赖它所开发的网络技术，称为"经销商实时系统"（Dealer Real Time），它把本公司的业务流程与加盟经销商的业务流程完美地集成在一起。该系统运行高效，甚至有时客户还没退出网站，就接到了经销商打来的电话。

1995 年，Autobytel.com 的认证经销商网络收到了 5 万多次采购询问。第二年，这一数字上升至 36.1 万，而截至 1997 年第三季度，客户已经超过了 100 万。截至 1998 年第二季度末，Autobytel.com 仅当年就已经收到了 971 681 份采购申请，据估计，其中 25% 会转化为实际销售。这使得 1998 年仅第二季度的电子商务交易额就达到了 15 亿美元。图表 5 概括了信息中介商业模式。

信托中介

信托中介是指在买方与卖方之间建立信用的实体。信托中介有两种特殊类型，即：支付支持中介和信用支持中介。每种信托中介都在电子商务中具有独特的作用。

支付支持中介（payment enabler）是指为安全支付交易提供支持并降低买卖双方的风险的实体。VeriSign 就是一个支付支持中介，它是一家电子商务的数字认证服务和产品及其他形式的安全通讯的提供商。它的经营宗旨是通过发布不同类型的数字证书，同时为各种供应商和市场提供数字证书管理服务，满足人们对信用认证机构和流程的需要，并从中获益。

信用支持中介（trust enabler）是指创

图表 5　信息中介

信息中介一般不买卖什么，而是通过提供信息汇集服务促成交易。

提供
- 信息汇集服务
- 媒介（买卖双方的需求）
- 内容（围绕细分市场、行业、行业部分价值链）
- 产品和服务（履行能力）

目标客户
- 虚拟社区的成员
- 价值链或部分行业价值链的成员
- 细分市场

经营活动
- 汇集买家和卖家，促成电子经济模式中的交易

要求具备的竞争力
- 开具账单、处理订单、开具发票、履行订单及产品/服务提供方面的其他核心流程
- 汇集/介绍终端用户和信息
- 建立合作伙伴
- 管理与其他电子经济合作伙伴的关系

目标
- 吸引最大份额的注意力或者交易

收入流
- 广告
- 订阅费
- 合作费
- 交易提成

造相关方能够彼此信任地交易并享有追索权的信用环境或认证环境的实体。例如，TradeSafe 就是一个典型的信托中介。它建立了第三方保管协议，将电子商务交易置于其安全保护之下。图表 6 概括了信托中介的关键要素。

电子商务服务商

另一种电子商务模式是电子商务服务商。如图表 7 所示。电子商务服务商运用其技术或能力协调或支持另一系列商业流程。对于终端用户而言，它常常是透明的。

电子商务服务商常常表现为企业间电子商务交易中心的形式，服务于从航空到动物学的各个商业领域。这些新的交易中心一般都是由电子商务服务商建立和维护的外联网。电子商务服务商的价值主张是以成本价提供外联网。它们允许企业利用这些网站建立自己的以外联网为基础的供应商和客户网络，而无需在基础设施上进行大量投资。

联邦快递最初是一家运输公司，但今天它却发展成了电子商务服务商。利用联邦快递虚拟订单系统，企业就能够以电子方式整合产品在线订购和全球配送交货的能力。它把自动化订单与产品交付终端用户的订单执行系统联系了起来，从而解决了电子商务的一个主要问题。因此，任何

图表6　信托中介

信托中介为买卖双方能够自信地交换价值提供了一个安全的环境。

提供

- ➤ 安全环境
- ➤ 第三方保管服务
- ➤ 隐私保护
- ➤ 追索权
- ➤ 品牌

目标客户

- ➤ 买家
- ➤ 卖家
- ➤ 类似群体
- ➤ 利益共同体

经营活动

- ➤ 提供一个能有根据地达成一致、安全地交换价值、保护隐私的可审计的环境

要求具备的竞争力

- ➤ 开具账单、处理订单、开具发票、履行定单及第三方保管和其他服务提供方面的其他核心流程
- ➤ 建立安全和客户信任，例如，安全支付交易方面的专长
- ➤ 精益求精
- ➤ 历史上丰富的风险分析能力

目标

- ➤ 通过建立安全、稳定的交易环境从每笔交易中获取价值

收入流

- ➤ 许可费
- ➤ 订阅费

图表7　电子商务服务商

电子商务服务商为使产品和服务提供商能够安全、可靠地进行交易建立和维护基础设施。

提供

- ➤ 功能化专业服务和辅助性服务，使价值链成员或利益共同体通过增值从交易中获取价值。
- ➤ 电子商务应用和服务产品，支持电子商务及其他电子商务服务。

目标客户

- ➤ 电子商务网上商店
- ➤ 信息中介

经营活动

- ➤ 通过提供健全、可靠的功能支持电子经济产品和服务提供商享有的机会

要求具备的竞争力

- ➤ 强调服务；例如，开具账单、研发、网络管理、维护和IT运营（如：能力规划、网络战略和运营、合同议定、设施管理、数据库管理等）
- ➤ 支持系统和基础设施管理
- ➤ 营销
- ➤ 针对环境/垂直市场、提升价值主张的端口基础设施

目标

- ➤ 通过在明确许可的环境中聚集商家的潜在客户而从每一笔交易中获取价值

收入流

- ➤ 所提供功能的许可费
- ➤ 合作费
- ➤ 交易提成

规模的公司都能迅速成为全球市场参与者，都可以建立新的销售渠道，而无需在客户服务和仓储上进行额外投资。

联邦快递与有资质的商家合作，共同经营它们的电子商务网站，建立电子目录模板，甚至为它们输入存货。当有订单发出时，联邦快递就接收订单，填写发货订单并更新电子目录中的存货。每个客户的确认编号都与一个联邦快递的追踪编号联系起来，这样商家和买家都能实时调取包裹单，从提货到交货全程追踪信息。像Cisco、Monorail、Sun Data 和 Insight 之类的公司都从联邦快递集成的订购和物流系统中受益。

基础设施提供商

基础设施提供商将一系列具有互补利益（产品、内容和服务）和市场的社区聚集在一起。基础设施提供商之所以如此引人注目，是因为它们把互联网作为合作平台和价值创造动因。基础设施提供商价值链依靠互联网作为基本的服务基础设施。基础设施提供商通过降低市场分割程度和利用一系列全新的服务机会来支持新价值的创造。

基础设施提供商把供应商、客户和互补性服务聚集在一起，使他们能够在互联网上安全地发起交易和达成交易。这些提

图表8　基础设施提供商

基础设施提供商为具有共同利益的参与者互动创造了价值交换环境。

提供
- 整个价值链上的无缝基础设施
- 买家和卖家之间的明确协议
- 广告、电子经济和执行之间的紧密整合
- 为基础设施维护提供支持
- 可复制的框架和方法论

目标客户
- 利益共同体（COINs）
- 行业的互补性企业
- 紧密整合在一项交易中的服务提供商（例如，汽车制造商和经销商、贷款机构、汽车购买者、汽车保险商、修配用零部件供应商等）

经营活动
- 汇集信息、技术、网络建设和品牌/信用管理，建立无缝基础设施，为互不相关的垂直市场中的价值创造和价值交换提供支持

要求具备的竞争力
- 治理与协调
- 渠道支持
- 提供平台
- 为垂直市场建立基础设施的能力
- 发展和维护基础设施
- 使用标准平台的公正、开放的流程

目标
- 在增值管理和电子经济服务支持下，通过提供基础设施获取一份新创造的价值

收入流
- 广告
- 会员费
- 合作费
- 交易提成

供商降低了价格和交易成本，极大地提高了效率，并且使竞争者成了联盟，因为价值链上的每个人都会从交易中获益。图表8说明了基础设施提供商的详细情况。

Chrome.com 是一个仅供会员使用的企业间数字汽车网络。它是一家基础设施提供商，通过由信用社、银行和保险公司等组成的会员网络提供的增值性汽车协助项目促成消费者与新汽车经销商之间的汽车交易。

Chrome.com 的基础设施由 5 600 多个汽车经销商、250 名汽车经纪人、1 200 个信用社、30 家商业银行、500 名车队管理员和 250 个租赁账户构成。在运营方面，Chrome.com 是一个通过密码保护的外联网，由一个配置系统引擎和一个报价中心及一个将买家和卖家进行匹配的独立应用方案构成。公司有三个主要的收入来源。第一，它向由 Chrome.com 促成的交易收取交易费；第二，它向利益共同体（COIN）的会员收取会员费；第三，它向其他网站发放配置系统和定价引擎的许可。

八、电子商务实施战略

有效互联网电子商务解决方案的实施可以分解为几个主要步骤：

- 制定战略；

- 评估是否准备就绪；
- 设计项目；
- 集成解决方案；
- 考核效能。

其中每个步骤都具有自身独特的问题和挑战。完善的实施计划不仅承认这一事实，而且制定了反映并涵盖这些问题和挑战的明确战略。

制定战略

遗憾地是，许多公司在实施电子商务之前，都没有充分思考其电子商务战略。它们似乎认为自己应该建一个网站，但是又不清楚网站应该实现什么目标以及想用网站做什么。对于许多组织来说，建一个网站只是为了看看一旦网站建成后会发生什么。毫不奇怪，实际发生的往往远不如组织希望发生的那样多。因此，把商业渠道设计和战略的任何一个方面留给运气都是一种高风险的方法。

在实施电子商务之前，组织必须明确定义其目标。许多公司建立的目标都是无法计量或者不具体的。在发展电子商务能力时不应该采用的目标包括：

- 在互联网上出现；
- 提高知名度；
- 增加销售额；
- 降低成本；

- 增加成功产品的数量；
- 拥有更多的重复访问者。

实施电子商务的有效目标包括：

- 在未来 24 个月内把支持中心成本降低 30%；
- 在未来 4 年内电子商务收入达到公司收入的 25%；
- 通过实施在线应用方案，在未来 4 年内把销售和支持成本降低 25%；
- 通过利用在线通讯技术和保持优质服务，把客户支持成本降低 15%。

例如，波音公司建立销售零配件的网站的目标包括：加快客户订单执行周期、更多地接触客户（包括非电子数据交换客户），以及降低客户订货成本。公司在一年内就成功削减了 25% 的订单处理成本。网站还帮助波音公司稳定了零配件数据输入团队的人员数量，订单量增加了约 30%。从而避免了 10% 的额外资源成本。

组织在制定电子商务战略时应该回答下列基本问题：

- 我们为什么希望到互联网上去？
- 公司希望通过互联网业务实现什么目标？
- 电子商务解决方案的目标是创造收入吗？
- 目标是与客户、合作伙伴、供应商、广告商和媒体进行更有效的互动吗？
- 实施的第一阶段仅聚焦于吸引公众对公司的注意吗？
- 我们计划在互联网上从事企业对消费者活动、企业间活动，还是企业内部活动呢？还是三者某种形式的结合呢？
- 互联网对于我们的核心业务是战略性的，还是作为我们的一项新业务呢？

此外，还必须决定希望建立的互联网电子商务的具体类型，组织计划：

- 提供产品销售吗？
- 向消费者销售产品和服务并打造这些产品和服务的品牌认知度吗？
- 通过与另一个经营单元、另一个公司或客户建立在线关系而提高客户服务和客户满意度吗？
- 与商业合作伙伴交换信息以促进研发或加速和简化买卖、存货管理、开具账单、配送等流程吗？

公司必须明确地理解它希望互联网业务实现的战略、财务和经营目标。

无论选择哪一种互联网电子商务活动，组织都必须确定这些活动将如何影响组织目前的商业模式。例如，零售商必须考虑互联网电子商务会对店面销售产生什么影响，全天候的互联网世界可能怎样影响存货管理，以及它们是否具备了处理外币交易的条件。

最佳互联网电子商务战略和应用必须包含系统的营销和技术。战略营销界定了组织的销售、公共关系和广告活动的最优策略实施方式。营销战略发挥着联系技术能力与目标市场客户需求的纽带作用。

评估项目是否准备就绪

在接受与实施互联网电子商务相关的复杂性（和风险）之前，组织及其管理者应该先评估现有的系统和能力。有四个关键动因可以预测一个企业成功实施电子商务的能力。这四个动因是：

- 领导力；
- 治理；
- 竞争力；
- 技术。

如果组织能表明始终如一地贯彻这四个方面的能力，那么它就做好了实施互联网电子商务的准备。这四个特征有无限种结合方式，并且一贯地体现在最成功的电子商务企业中。这四个特征分别代表电子商务成功的四个先决条件或障碍。缺少这四个先决条件中的任何一个，组织都不可能持久地成功实施电子商务。

领导力

支持电子商务成功实施的领导力的基

本品质体现在以下几方面：

- 首先解决业务流程问题（除非业务流程问题与技术整合，否则技术投资就会被浪费）；
- 高管适应电子商务带来的机会和挑战；
- 电子商务的实施与组织经营战略有机结合；
- 通过电子商务创造竞争优势是高管首要考虑的问题；
- 高管参与、支持电子商务方面的工作；
- 制定为期12~18个月的电子商务远景规划，并在组织上下进行宣传（超过18个月的规划无济于事，因为在电子经济中事情变化速度太快）；
- 整个组织洋溢着电子文化（即网络思想）；
- 存在信息共享文化。

以思科公司为例，这家互联网技术的世界级领先企业，就培育了信息共享文化。从最初创立之日起，公司就在其网站上列示了一份产品所有已知缺陷的清单。而当时美国盛行的传统做法则是掩盖失误，只在严格控制的情况下才公开。思科与传统背道而驰的做法为公司赢得了大量正面的注意力。今天，信息共享文化为有效的知识管理作出了贡献，从而为产品能取得令人羡慕的成就提供了支持。

治　理

治理是可以体现出组织本质的，它是一种经营模式，是"粘合剂"。治理确定了组织内部各种关系及组织外部各利益相关者之间的关系。治理包括控制、责任、职责和权力。这些关系的相互作用决定了组织在面临不断变化的价值时，在既保持诚信、又随机应变方面做得如何。

成功的电子商务实施者都有一个经营框架，它界定了控制、责任、职责和权力之类的属性如何相互联系，以及如何合理地解释它们之间的冲突。作为传统经济中组织的许多典型特征的结构僵化的框架，在电子经济中往往不是很成功。

组织结构可以表明电子商务是否准备就绪。如果没有经过认真考虑、没有建立起系统的治理模式，组织就很难发挥创造力。如果没有令人满意的治理模式，创造力就会消失在彼此没有增效作用、又不能区分各自对净利润的潜在贡献的纷杂创意中。成功的电子商务实施者能正确回答下列问题：

- 组织的每个成员在电子商务中的作用和职责是什么？
- 是否明确了谁拥有电子商务决策权？
- 如何为电子商务措施提供资金支持？
- 为电子商务的持续维护分配了充分的资金吗？

- 确定了评估和选择互联网电子商务措施和分配资源的方法吗？
- 建立了考核实施电子商务的影响的标准吗？
- 如何奖励电子商务活动呢？
- 什么是互联网电子商务的动因呢（IT、营销、客户、竞争者等）？

竞争力

竞争力决定了成功的电子商务实施者应对外界变化、开发可利用资源和机会及适应新现实的方式。具有竞争力的电子商务实施者能够随时找到下列问题的答案：

- 企业能够应对快速、不断的变化吗？
- 组织能迅速适应变化并推动变化吗？
- 组织具备坚决执行（三个月或三个月以内）的实施能力吗？
- 组织具备支持互联网措施的技术能力吗？
- 组织具备支持互联网战略所必要的经营能力吗？
- 组织具备管理多重关系（内部和外部）的充分经验吗？
- 组织能迅速建立和解除各种关系/合作关系（建立和管理电子商务系统）吗？

技　术

技术方面的一个关键成功动因是建立

灵活而健全的架构，即：一个能够使组织迅速开发和实施电子商务应用的架构。如果有了这样一个公司架构，电子商务领导者就能便捷、频繁地部署各种应用，而无需论证每一项增值措施需追加的基础设施投资成本。这样的基础设施更利于电子商务领导者迅速启动各项措施，开发新机会。

思科公司就是一个很好的例子。它拥有这样一种架构模式。虽然思科公司坚持严肃、负责的标准，但是如果投资符合思科的战略目标，它并不要求经理们论证每一项投资。例如，思科的一项战略目标是提高客户满意度，这或许也是思科最基本的目标。思科公司允许经理们部署旨在实现这一目标的系统或流程，而不要求他们说明回报是多少。

另一方面，思科希望经理们考核客户满意度的提高情况。这种考核就足以作为投资的论证。其结果是，经理们在实验推动公司战略的各项措施建议方面，有了更大的自由。

为了确定电子商务的实施在技术方面是否准备就绪，组织应该回答下列问题：

- 企业制定标准了吗？
- 我们支持它吗？
- 我们拥有建立和升级电子商务的技术基础设施吗（网络服务、硬件、软件、安全）？

- 为了建立一个精于商业的技术型组织和一个精于技术的商业型组织，我们需要做什么？
- 我们在电子商务环境的每个角落都坚持简化、标准化和灵活性吗？
- 企业的人才得到了优化利用吗？
- 我们的解决方案灵活吗？足以适应变化吗？
- 解决方案可以根据客户需求个性化吗？

我们不能夸大建立企业基础设施（如图表9所示）的重要性。开展电子商务要求企业具备一个架构基础，它包含一个基于标准的企业范围的技术平台，在此平台上，组织可以部署各种增值应用和网络。

设计项目

成功实施互联网电子商务的关键是有效的项目设计。一般的电子商务实施都包含从多个供应商购买软件、公司内部团队或外部顾问进行一些个性化开发（或至少是个性化定制）、多个组织的经营服务、新应用整合到现有商业模式和实践，以及许多其他活动。如果没有有效的项目设计，各个部分就不可能集成在一起，不可能成功实施电子商务。虽然项目在细节上截然不同，但是对于实施互联网电子商务都有一些共同的要求，其中包括以下几点。

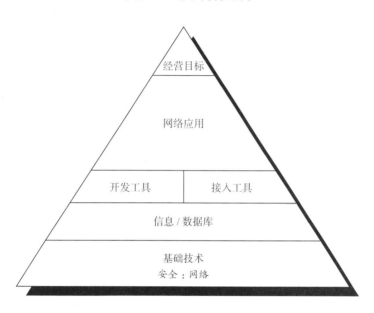

图表 9　电子商务架构

（金字塔图，自上而下分层：）

经营目标

网络应用

开发工具　　接入工具

信息 / 数据库

基础技术
安全：网络

- 管理项目；
- 制定外包战略；
- 选择互联网服务提供商；
- 选择电子商务服务提供商；
- 设计网站安全。

管理项目

　　电子商务的实施需要一些既包含商业要素、又包含技术要素的跨职能工作的人员。如果在组织内部无法找到具备实施电子商务应用所要求的这些技能的人员，就需要寻找具备专业知识的咨询顾问或承包商。基本理念是从小处着手。组织应该首先聚焦于影响大、见效快的项目。长期目标应该分解为具有明确界定的、可计量的短期项目。

　　项目管理的一个重要方面是确定项目的真正成本可能是多少。最初，公司的网站都由一系列明确界定的技术资源构成的。在最基本的层面，它可能包括一个网络服务器、与互联网的连接、发布网页的基本网络服务器软件，以及网站管理员。今天，即使一个中型公司建立的电子商务的网站也包括一系列位于不同地点的更复杂的服务器和服务，而且需要更多的人员，既需要技术人才，也需要来商业人才。

网站当然还要与内部和外部的多个其他现有 IT 系统和数据库连接。所以，界定一个网站的界线就变得十分模糊了，它与组织的其他部分迅速地融合起来。这意味着发展网站能力所发生的成本也会与其他成本混在一起，因此更难追踪。此外，一个大型组织的网站实际上由 30 个不同的物理站点组成，在宇宙间传输。从总体上讲，费用和投资主要花费在以下五个方面：

- 平台：硬件、系统软件、网络软件和工具、外围设备、网络技术和基础设施、安全及互联网连接成本。
- 内容：数字内容创建、设计和改进、数字目录、互联网应用开发、软件个性化定制、Applet 程序和其他互联网软件工具，以及应用程序。
- 集成：数据库集成、遗留系统集成、数据挖掘界面、应用集成、企业流程集成及工作流改进。
- 人力资源：技术和商业职能的各种人力成本。
- 宣传和营销：既包括在线营销，也包括离线营销、业务启动成本、教育客户、广告、公共关系、与其他网站链接、直邮活动及其他印刷媒体。

一个常见的错误是把软件的预付成本视为主要部分，而事实上个性化定制或基础软件的附加设计成本可能更高。经营成本也可能更高，它取决于电子商务应用的细节。因此，重要的是看项目的维护成本，而不仅仅是最初的软件成本。

有效项目管理的另一个关键要素是预测所要求的服务器系统的绩效水平和规模。常见的问题是，有趣的网站能够在短期内吸引大量访问者——口碑可以在互联网上迅速传播。如果网站超载，也会很快背上一个绩效差的恶名。

这表明组织必须规划系统的高峰负荷和服务要求，以及平均负荷和服务要求。这些规划应该与所谓的"成功的"系统负荷或用户量区分开来，因为这项规划的目标是处理潜在的负荷。潜在负荷可能会超过了所谓的成功负荷。

在电子商务实施的项目设计阶段还应该考虑维护、支持和升级等因素。人们期望的电子商务应用的发展是什么？软件跟得上人们的期望吗？由谁进行定制部分或扩展部分的维护和支持？软件升级有稳定的程序接口可与其他系统再集成吗？

电子商务应用的开发常常没有长期规划，随着时间的推移，产品和技术的转变会使它们孤立起来。虽然在规划最完善的项目中也会发生这种转变，但是事先认真的规划能避免许多此类问题。

组织还必须说明实施互联网电子商务的预期收益。此类项目是一种战略投资，还是为了获得短期回报？人们预期的主要收益是降低成本（如减少印刷和邮件目录的数量），还是增加收入？这是一个将被更大规模的不同系统替代的试验性项目，还是其本身就是主要系统？

深入了解预期收益，并且确保整个组织都怀有同样的预期，就可以使其计量成为可能，从而确保组织能够评估电子商务的实施是否成功。

制定外包战略

对于任何持续性服务，都应该问一问最好是内部提供呢？还是外包给专业化组织呢？互联网电子商务也不例外，互联网技术的飞速发展常常使人难以在没有外在帮助的条件下跟上其步伐。在选择外包还是自主开发时应首先考虑项目与企业业务之间的一致性。

- 项目是组织的核心竞争力吗？组织内部具备所需要的开发和运营技能吗？如果不具备，这个项目本身能说明招聘和培训是必要的吗？如果对这些问题的回答都是否定的，那么外包就更合适。

- 技术是商品吗？这是一个难题。如果技术不是商品，那么所有必要的开发技能就只能从少数专业化来源获得。商业技术的内部管理成本不太高，尤其是在生产能力过剩的情况下。运营因素则恰恰相反，如果项目运营是商品，那么外包运营就会产生规模经济，从而使其优于内部运营。

- 技术和项目的变化速度怎么样？技术和项目会飞速变化吗？如果是，那么就应该内部开发，与企业建立密切的联系。

- 项目在多大程度上需要集成？如果项目与组织的核心经营系统没有明确定义的接口，那么就适于外包。另一方面，如果要在应用与现有内部系统之间建立接口，就需要复杂的个性化集成工作，那么内部开发和运营就更实际。

选择互联网服务提供商

互联网服务提供商（ISP）供应互联网电子商务所需的许多服务。第一（也是最重要的一点），它们在个人和组织与互联网之间建立连接，这样客户就可以与其他互联网用户交流。第二，它们经常为网站提供托管服务或其他互联网应用，即：互联网服务提供商安装并运行构成网站的服务器计算机和软件。在这种情况下，服务器系统通常安装在互联网服务提供商的经营场所，而不是客户的经营场所。第三，互联网服务提供商可以为客户的电子商务应用提供交易服务，比如：支付系统。

在选择互联网服务提供商时，组织必

须解决几个重要问题。其中包括：

- 预期带宽的成本：互联网服务提供商通常能帮助组织确定应用规模，从而选择成本效益最佳的带宽。

- 外部连接：互联网是彼此相互连接的网络的集合体。这就意味着有些互联网服务提供商比其他提供商更接近互联网骨干网，即互联网的高效核心。组织的网站与其客户之间的有效带宽不仅取决于互联网服务提供商，而且取决于客户的互联网服务提供商及中间的所有其他互联网服务提供商。

- 可靠性：互联网服务提供商的服务有多可靠？它们对问题的反应速度有多快？如同其他任何服务一样，最好的方法就是与互联网服务提供商的其他客户谈谈，了解它们的经历和体验。更高的可靠性和更好的客户服务也可能意味着更高的成本。有些互联网服务提供商能以更高的成本建立提高总体可靠性的链接，不过这些链接有时是多余的。

- 额外服务：互联网服务提供商能提供什么额外服务？有必要吗？如果没有必要，组织就会为没用的服务买单。

互联网服务提供商的性能和可靠性是每个公司开展互联网电子商务应用的基础，所以选择能按合理的成本提供所需服务的互联网服务提供商非常重要。

选择电子商务服务提供商

选择了互联网电子商务应用的托管服务之后，下一步就是交易服务，即：为获取订单、货款支付、订单执行提供基础设施。提供此类服务的实体称为商业服务提供商（CSPs）。互联网服务提供商常常也是商业服务提供商，但是其他类型的提供商也可以成为商业服务提供商。例如，银行可以为互联网电子商务提供交易服务，作为向商业客户提供的服务的延伸。在选择商业服务提供商时应考虑的重要问题包括：

- 现在支持什么样的支付系统？未来可以增加什么样的支付系统？

- 商业服务提供商处理所需要这种商业模式吗（如企业间、企业对消费者）？

- 成本结构是什么？定价是基于固定费率、交易量、交易金额，还是其他标准呢？

- 卖方可以获得什么样的报告呢？

- 资金如何划转给卖家？什么时候划转呢？

- 能为每个卖家定制什么样的个性化订单和支付流程呢？

- 订单和支付流程的外观和体验能为建立网站的品牌提供个性化定制吗？

- 卖家管理哪些业务？商业服务提供商管理哪些业务？

设计网站安全

安全是组织实施电子商务时所关注的主要问题。实际上，从长期来看，系统安全对于一个成功的系统至关重要。在任何互联网电子商务的实施中，在设计、实施和运营阶段都存在重要的安全问题。安全问题可以分解为四个主要领域：

- 系统安全

  计算机的操作系统有多安全？经授权的用户才能登录吗？能区分不同系统用户保护信息吗？还是系统的任何用户都能阅读（和修改）系统中的任何信息呢？系统在物理上安全吗？谁能进入机房？这些都是应用中关于系统的基本问题，它们极其重要，因为如果没有安全的基础，就不可能建立安全的应用。

- 通讯安全

  防止信息内容被偷听者听到或以其他方式被别人看到往往很重要。电子商务应用的一个常见的例子就是在客户把支付证书发送到商家的服务器时，有一定的措施保护支付证书，比如信用卡号。

- 数据安全

  在数据安全传输之后，组织必须关注如何保护终端系统中的数据。在某些情况下，会立即处理并删除，所以不需要额外的保护。在其他情况下，组织则依赖操作系统的保护机制保护数据安全。

- 认证和授权

  认证是指以可靠的方式回答"你是谁"这个问题。密码是认证计算机系统用户的一般方法，当然还有其他方法。

安全问题的这些基本方面对于任何互联网电子商务系统都十分重要，应该纳入任何项目的设计中。

集成解决方案

在建立互联网电子商务平台时，组织还必须考虑如何将电子商务与其他业务流程整合在一起。例如，公司内联网的应用会对电子商务能力产生积极影响。如果把内联网应用扩展到互联网，组织就能为客户提供更多的价值，具体方式包括：

- 实时接触到信息；
- 执行商业交易的能力。

任何电子商务实施项目都必须将这些应用和工具的整合与开发放在首位。如果没有事先研究和解决主要的整合问题，任何"一切齐全即可使用的"电子商务应用都不会发挥作用。网络就是整合，就是整合组织自身，以及整合组织与合作伙伴、供应商和客户。

例如，整合互联网电子商务应用与会

计系统就是对电子商务成功实施至关重要的软件决策。以电子形式发生的交易必须迅速、准确地完成，并保证安全和保密性。电子商务系统中的会计包不仅仅是一个数据记录和分析工具，而且是联系组织与其客户的重要纽带。

电子工作流、电子数据交换和电子目录解决方案都是互联网电子商务集成的选择。例如，如果增加电子工作流，采购订单或检查申请就可以通过电子方式发送。把会计系统与互联网及其他互联网电子商务应用集成在一起的好处很大。通过把会计核算扩展到互联网上，组织就能使客户全天候提交订单。客户可以在线查看和更新会计数据，从而减少了向服务人员打电话的数量，降低了成本。

系统集成的发展可能包括下列几个步骤：

- 搜集、共享、查找、处理和发布信息，包括一些应用，比如知识共享、全文检索、目录、在线目录和音频－视频广播。
- 人、计算机和企业的合作、交流和教育，包括电子邮件、论坛、日程表和工作安排；
- 内部任务关键型应用开发与部署，包括客户支持及其他管理应用，比如会计、人力资源和采购。

- 与外部合作伙伴的信息和服务交换，包括订单跟踪应用、送货物流及产品和营销信息。
- 与供应商和客户之间的电子商务，包括采购服务、买卖的各个方面、认证管理服务、支付处理及信息型产品和服务的提供。

内联网与互联网的无缝集成体现了电子商务战略的不断发展变化。我们对集成战略提供了一些建议，如图表 10 所示。

考核效能

鉴于实施电子商务的投资巨大，衡量回报也只不过是一种常识，成功的电子商务公司都制定了严肃、负责的标准，就其在整个组织的使用明确达成了一致。成功的电子商务实施与不成功的电子商务实施之间的一般区别就在于所选择的标准的准确性与完整性。成功的电子商务实施所采用的标准一般包括：

- 成本降低
  √ 售后支持电话数量、电话成本／收入比；
  √ 营销／通信总支出占收入百分比；
  √ 每个订单的成本；
  √ 网络筹备总支出。

- 电子商务增长
  √ 在线销售收入；

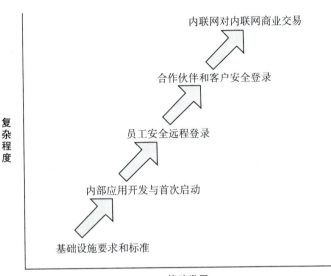

图表 10　系统集成战略

内联网对内联网商业交易

合作伙伴和客户安全登录

员工安全远程登录

内部应用开发与首次启动

基础设施要求和标准

复杂程度

战略发展

资料来源：Mougayar, 1998:211.

√ 在线完成的交易数量；

√ 在线支持销售收入；

√ 在线浏览的电子销售网页数量。

● 客户满意度和客户影响

　√ 在线客户满意度调查分数；

　√ 老用户数量／百分比；

　√ 网站影响（网站新访问者、新注册者等）。

● 运营

　√ 访问量最大的网页／网站栏目；

　√ 质量控制标准（服务器正常运行时间百分比、链接故障发生频率等）；

√ 外观和体验、导航、电子经济政策的灵活性。

九、电子商务面临的挑战

组织常犯的一个错误就是低估互联网电子商务实施所面临的挑战。这些挑战可以归类为以下几个问题，如图表 11 所示：

● 技术问题；

● 组织和经营问题；

● 法律法规问题；

● 行为和教育问题。

图表 11　电子商务实施中的挑战

技术	组织和经营
• 安全性	• 缺乏业务流程集成
• 支付工具的易得性 / 互用性	• 缺乏对潜在价值的理解（即"无需做任何不同的事情"的观念）
• 技术和应用的互用性	• 没有足够的经验证的商业模式
• 比较购买能力	• 没有足够的最佳实践
• 内容的广度和深度	• 无法预测的成本论证
• 缺乏可靠的网络基础设施服务	• 公司结构是变革的障碍
• 缺乏标准	• 组织中没有足够的合格人才
• 利用公开密钥基础设施（PKI）	• 最初的和持续的实施成本
• 与现有应用的技术集成	• 在线或离线的渠道冲突
• 带宽成本	• 并非价值链的所有成员都在线
	• IT 管理与经营管理：谁是障碍？
	• 高管缺乏远见卓识

法律法规	行为和教育
• 缺乏协调的法规和政策	• 信任和隐私
• 关税和税收不确定性	• 公开密钥基础设施（PKI）的复杂性
• 政府和国家的作用	• 欺诈
• 其他法律问题	• 虚假广告
	• 了解可获得的服务
	• 电子货币洗钱

其他挑战
• 渠道冲突
• 临界流量
• 执行流程

资料来源：Mougayar, 1998: 53.

在技术方面，各种挑战结合起来为互联网电子商务系统制造了一个棘手的问题。电子商务系统的任何一个要素或方面都不能毫无顾虑地被忽略。虽然技术解决方案在不断增加、不断成熟，但是组织承认并管理依然存在的挑战仍然是至关重要的。

由于组织把注意力集中在技术发展和技术问题上，组织方面的挑战往往会被忽略。克服这些障碍首先要从有效的互联网电子商务战略开始，互联网电子商务战略必须由高管制定和支持，通过简单但有效的沟通方法进行部署。建立一种电子商务友好型的文化，要求实施团队持续地关注和努力。如果注意不到这些基本障碍，就会带来灾难性的后果，必须意识到这些障碍才能加以避免。

在法律法规方面，缺乏协调的法规政策、关税和税收不确定性及其他法律和政治问题都在影响互联网电子商务。国家发展框架、未反映或不支持全球贸易的内向型政策、试图影响这些政策的全球性组织及各种行业协会（即技术提供商利益群体）相互作用，创造了充满活力的互联网电子商务环境。有待观察的是，行业需要依靠自律，还是强制性法律法规，这将最终主导行业的发展。

行为和教育挑战既包括交易伙伴之间的信任和隐私，又包括欺诈和虚假广告。互联网电子商务也难免于商业诚信和商业安全的挑战，事实上，它比许多传统商业模式更易于受到此类挑战。了解可获得的服务、消费者行为变化、适应新媒体、从文化上认可"虚拟商店"，以及开发安全

的交易系统都是企业和行业转型为电子商务的有机组成部分。

无论是上面罗列的几类问题，还是达到临界流量或避免渠道冲突的一般需要，互联网电子商务的任何一项挑战都不是不可战胜的。创造和维护有效的互联网电子商务解决方案要从理解这些挑战、制定应对和克服挑战的战略和实施方法开始。在飞速发展、竞争日益激烈的电子市场中，远见和知识是组织推动成功的最好武器。

十、结束语

互联网电子商务界和提供商正在改变竞争规则，它们发动各类资源（包括人力资源）实现更高水平的绩效。为了寻找、吸引和获得新客户并使现有客户更满意，组织需要建立一个反应迅速、激动人心、信息丰富的基础，互联网电子商务承诺要对全球市场进行转型，这将再次缩短人、公司和国家之间的时间和空间界线。

要实现互联网电子商务所带来的好处，就必须认真分析所能获得的广泛的机会、技术、渠道和细分客户。并非每个市场或每个渠道都同样适宜于组织目前和未来的营销战略。要最大限度地从这项新技术支持中获益，首先必须理解它如何才能最好地服务公司及其利益相关者。它不是一个玩具，或者一时的狂热——互联网电

子商务是进入新市场、提供新服务的方法。它是一种发展趋势，在新世纪，其流行度和重要性将与日俱增。

术语表

认证（Authentication）：确保消息来自声称发出消息者的一种手段。在电子商务中，交易处理中的最大挑战之一就是验证交易方与其所称的身份是否相符、验证交易方是否承担交易责任，以及交易是否未被以任何方式更改。

盲签名（Blind Signature）：最新发展的一种确保电子商务交易隐私的手段。盲签名相当于假名。银行在互联网上处理支付或采购业务时，并不要个人的真名，而是接收一个经过编码的、假的身份识别标识。用于生成和解码盲签名的软件保证其有效性。

证书机构（Certification Authority）：作为两个实体之间交换"密钥"（即编码数据）的中间人的公正的第三方。密钥是指用于加密和解密数据以防止被窃取的安全代码。密码系统应用复杂的数学程序把一个数字或一串字符转化为一串无法解读、更改或滥用的二进制码。于是，所生成的加密后的消息看起来就像一堆随机的电子垃圾。

电子现金（Cyber Cash）：运用最强有效的密码系统工具实现交易、交易的关键要素离线处理以便网络上的黑客无法破坏的一种方法。电子现金能否成为市场标准尚不确定，但它的基本战略似乎就是保证互联网电子商务的安全。

网络空间（Cyberspace）：科幻小说作家William Gibson造的一个词，用来描述通过计算机网络可获得整个信息资源。

数据加密标准（Data Encryption Standard）：安全性运算的一部分。数据加密是把数字和文本（比如名字、账号、采购金额及所附消息）转换为一串毫无意义的数字码。

数据挖掘（Data Mining）：分析海量计算机汇总数据，以发现金块，即：可用来确定目标客户和目标市场、发现新机会的模式、异常现象、例外现象和趋势。它并不是新市场研究工作的一个新名词，因为有的公司早在20世纪80年代就开始为此目的而分析客户数据。真正新颖之处在于作为电子商务的副产品而自动生成的海量数据与低成本的计算机处理能力的结合。

数字现金（Digital Cash）：由银行支持的可以转换为等值真实货币的"象征性"货币。这种支付系统通常包括一个建立了预定关系之后便允许用户使用数字现金交易的信托机构。这种支付形式的主要目的在于促成那些金额太小而不值得用信用卡支付系统处理的交易，更泛泛地讲，就是创造现金的电子等价物，即：方便、私密、广泛认可的法定货币。

数字签名（Digital Signature）：无法伪造的电子文件签名，目的是为了保证同意发送文件的特定人在文件上签名。数字签名有三项要求：（1）必须安全可靠，即：它无法伪造。（2）必须可验证，即：它能够直接归属于个人。（3）它提供"认可"，即：签名人不能事后否认，声称他（或她）事实上没有以这种方式签署文件。

非中介化（Disintermediation）：通过剔除信息中介而把公司与客户拉得更近的过程。

域名（Domain Name）：识别网站的独特名称。

电子目录（Electronic Catalog）：包含产品和定价信息的数据文件（在许多情况下，还有存货数据）。例如，医药业正在用电子目录替代纸质印刷的药品目录，它不仅削减了生产和更新成本，而且为订购和运输提供了一个更便捷、更有效的方法。电子目录可以随时更新。

电子钱包（Electronic Purse/Wallet）：预付卡或规定金额现金卡的一种应用。这个词是在营销所谓的"智能卡"的过程中发明的。"钱包"一词进一步定义和细分了这些电子支付工具概念。

电子支付系统（Electronic Payment System）：在互联网上收取货款的一种手段。

外联网（Extranet）：允许公司与其他企业和客户共享信息的网络。外联网通过互联网传输信息，并且要求用户输入密码才能从公司内部服务器上调用数据。

防火墙（Firewall）：外部世界与组织的通讯和计算机资源入口之间的一道硬件和软件屏障。一般而言，防火墙就设置在万维网网页所接入的服务器的后面。防火墙软件检查寻求进入的消息是否经过授权。它还处理其他控制和安全操作，寻找任何企图侵入系统或散发病毒的迹象。

超文本标识语言（Hypertext Markup Language）：在互联网上设计万维网网页的一种简单工具。它易学易用，大多数互联网软件浏览器上都有，文字处理和多媒体软件包中也有。HTML 是在互联网上崭露头角的最基本的工具。其他在传统网页上添加三维图形和虚拟现实的更有力的工具正在迅速取代它。

在线采购（Online Purchasing）：使在互联网上采购产品成为可能的一种技术基础设施。

门户（Portal）：大多数人都访问的主要互联网站点（例如，AltaVista、雅虎、美国在线）。

密钥（Private Key）：密码系统中使用的一种工具。较之公钥，密钥只有所有者知道，用于消息编码。公钥则是为其解码。

公钥密码系统（Public Key Cryptography）：保护电子传输信息安全的公认的基础。它运用复杂的数学理论和运算法则生成两个电子值，称之为"钥"。密钥是保密性的，必须高度保护。它用于为消息编码，即：把普通语言（人们所称的"明文"）转换为一串随机的电子码。交易伙伴通过软件应用和计算机硬件芯片使用公钥，它能为消息解码，但不能编码。

安全电子交易（Secure Electronic Transactions）：用于保护互联网上的信用卡交易安全的一种协议，由 Visa 和 MasterCard 联合开发。微软和网景也参与了协议的设计和开发，从而使用户可以在互联网上交易时使用自己的信用卡号，并且提高了安全保护。安全电子交易基于 RSA 算法。

安全服务器（Secure Server）：确保对客户输入电子商务网站的信息进行编码且无法窃取的技术。

购物车（Shopping Cart）：一个图标，在线客户点击后就能把本产品保存起来，然后继续在网站购物。

网站管理员（Webmaster）：负责网站技术维护的人。

参考文献

Allan, Catherine A., and Barr, William J. *Smart Cards: Seizing Strategic Business Opportunities*. Times Mirror Higher Education Group, 1997.

Bernard, Ryan. *The Corporate Intranet*. New York: John Wiley & Sons, Inc., 1996.

Bogan, Christopher E., and English, Michael J. *Benchmarking for Best Practices*. New York: McGraw-Hill, 1994.

Brandenburger, Adam M., and Nalebuff, Barry J. *Co-operation*. New York: Bantam Doubleday Dell Publishing Group, Inc., 1996.

Cronin, Mary J. *Global Advantage on the Internet*. Van Nostrand Reinhold, 1996.

Cronin, Mary J. *The Internet Strategy Handbook: Lessons from the New Frontier of Business*. Harvard Business Press, 1996.

Crumlish, Christian. *The Internet Dictionary*. SYBEX, Inc., 1995.

Dahl, Andrew, and Leslie Lesnick. *Internet Commerce*. New Riders Publishing, 1996.

Dertouzos, Michael. *What Will Be: How the New World of Information Will Change Our Lives*. New York: HarperCollins Publishers, Inc., 1997.

Fellenstein, Craig, and Ron Wood. *Exploring

E-Commerce: Global E-Business and E-Societies. Upper Saddle River, NJ: Prentice Hall, 2000.

Gascoyne, Richard J., and Ozcubukcu, Koray. *Corporate Internet Planning Guide: Aligning Internet Strategy with Business Goals*. International Thomson Publishing Company, 1997.

Gordin, Seth. *Presenting Digital Cash*. Sams. net Publishing, 1995.

Goldman, Steven L., Roger N. Nagel, and Kenneth Preiss. *Agile Competitors and Virtual Organizations: Strategies for Enriching the Customer*. Van Nostrand Reinhold, 1995.

Hagel, John Ⅲ, and Arthur G. Armstrong. *Net Gain: Expanding Markets through Virtual Communities*. Mckinsey & Company, Inc., 1997.

Hammer, Michael, and James Champy. *Reengineering the Cooperation*. Harper Business, 1992.

Kalakota, Ravi, and Andrew B. Whinston. *Electronic Commerce: A Manager's Guide*. Addison Wesley Longman, Inc., 1997.

Kalakota, Ravi, and Andrew B. Whinston. *Frontiers of Electronic Commerce*. Addison Wesley Longman, Inc., 1996.

Keen, Peter G.W. Walid Mougayar, and Tracy Torregrossa. *The Business Internet and Intranet: A Manager's Guide to Key Terms and Concepts*. Boston: Harvard Business School Press, 1998.

Korper, Steffano, and Juanita Ellis. *The E-Commerce Book: Building the E-Empire*. San Diego: Academic Press, 2000.

Kosiur, David. *Understanding Electronic Commerce: How Online Transactions Can Grow Your Business*. Redmond, WA: Microsoft Press, 1997.

Loshin, Pete, *Electronic Commerce: Online Ordering and Digital Money*. Charles River Media, Inc., 1995.

Lynch, Daniel C., and Leslie Lundquist. *Digital Money: The New Era of Internet Commerce*. New York: John Wiley & Sons, Inc., 1996.

Martin, Chuck. *The Digital Estate*. New York: McGraw-Hill, 1997.

Mayer, Martin. *The Bankers: The Next Generation*. Penguin Group, 1997.

Miler, Steven. *Civilizing Cyberspace, Policy, Power, and the Information Super Highway*. Addison Wesley Longman, Inc., 1996.

Morgan Stanley. *The Internet Report*. Morgan Stanley, Inc., 1996.

Mougayar, Walid. *Opening Digital Markets:*

Battle Plans and Business Strategies for Internet Commerce. New York: McGraw-Hill, 1998.

Reeves, Byron, and Clifford Nass. *The Media Equation: How People Treat Computers, Television, and New Media Like Real People and Places*. Cambridge University Press, 1996.

Schneier, Bruce. *E-Mail Security*. John Wiley & Sons, Inc., 1995.

Schwartz, Evan I. *Webonomics: Nine Essential Principles for Growing Your Business on the World Wide Web*. Broadway Books, 1997.

Schwartz, Peter. *The Long View*. Doubleday, 1991.

Stefik, Mark. *Internet Dreams: Archetypes, Myths, and Metaphors*. Boston, Massachusetts Institute of Technology, 1996.

Sterne, Jim. *Customer Service on the Internet: Building Relationships, Increasing Loyalty, and Staying Competitive*. New York: John Wiley & Sons, Inc., 1996.

Sterne, Jim. *World Wide Web Marketing: Integrating the Internet into Your Marketing Strategy*. John Wiley & Sons, Inc., 1996.

Sun Microsystems. *Java Enterprise Computing: Enabling Breakaway Business Strategies*. Sun Microsystems, Inc., 1997.

Tapscott, Don. *The Digital Economy*. New York: McGraw-Hill, 1996.

Vassos, Tom. *Strategic Internet Marketing*. Que Corporation, 1996.

【孟焰、王杰审校】